Pinckney/Cantieni

NEW CALLANETICS®

Ein JOURNAL FÜR DIE FRAU Buch
im
Ullstein Buchverlag

Callan Pinckney & Benita Cantieni

NEW CALLANETICS®

Die neue Methode

JOURNAL FÜR DIE FRAU

Ullstein

CALLANETICS® AG
Dufourstraße 106, CH 8008 Zürich

Briefanschrift: Postfach, 8034 Zürich

Telefon 41 1 388 72 72, Telefax 41 1 388 72 88

1. Auflage Oktober 1996
2. Auflage Januar 1997
3. Auflage Juli 1997
4. Auflage Oktober 1997
5. Auflage Januar 1998
6. Auflage Februar 1998
7. Auflage April 1998
8. Auflage November 1998

ISBN 3-550-08801-9

Ein JOURNAL FÜR DIE FRAU-Buch

Umschlaggestaltung: Vera Bauer
Umschlagfoto: Ulli Heiser
Fotos: Ulli Heiser
Produktion und Layout: VerlagsService Dr. Helmut Neuberger & Karl Schaumann GmbH, Heimstetten
Druck und Bindung: Sebald Sachsendruck, Plauen
Printed in Germany

Gedruckt auf alterungsbeständigem Papier mit chlorfrei gebleichtem Zellstoff

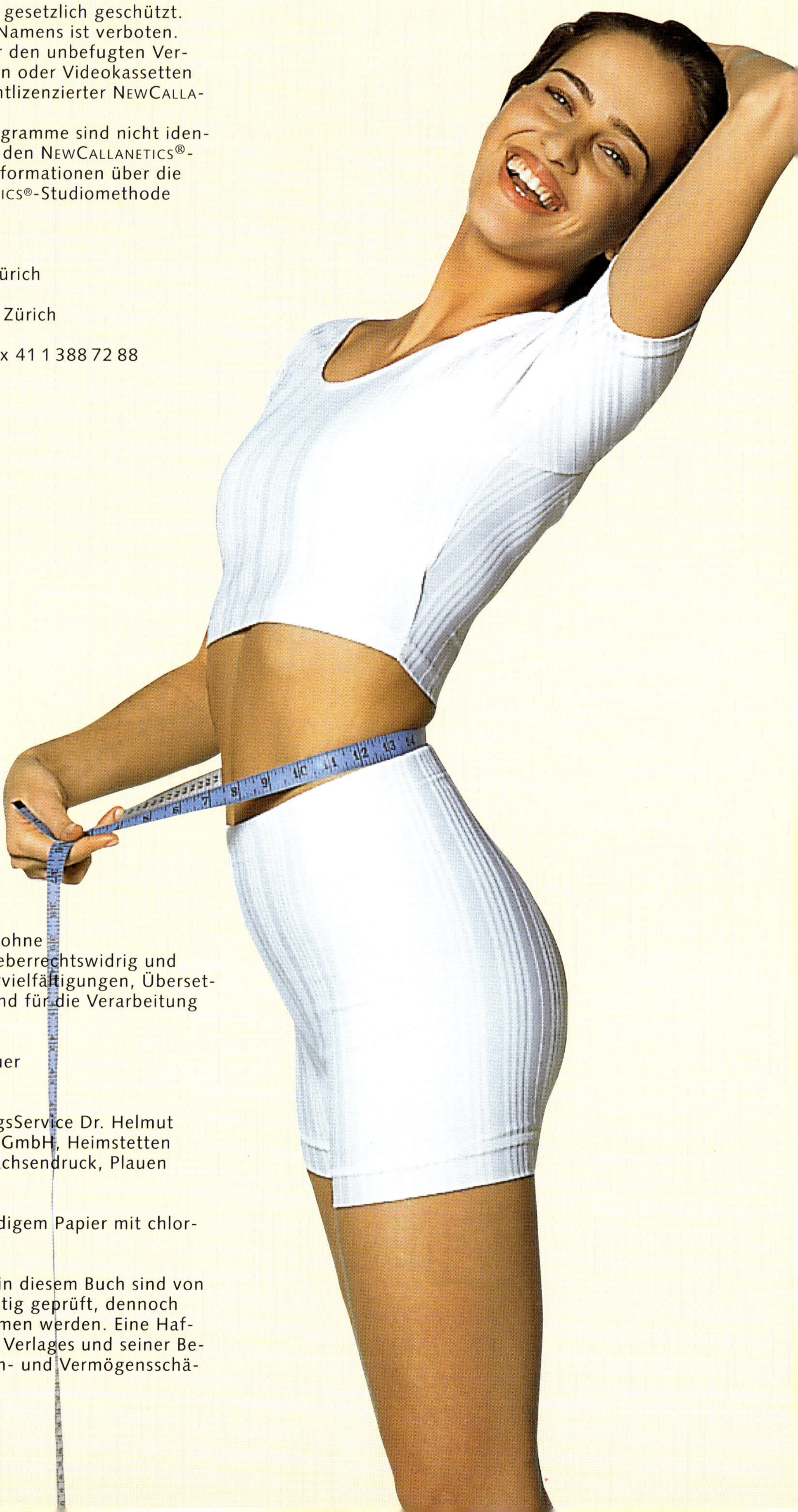

Einleitung 7

Applaus, Applaus 8

Die Callanetics®-Methode 10

Ein muskuläres Meisterwerk 13

Der aufgespannte Rücken 14

Der Nabel der Welt 15

Die Übungen 16

Bausteine zur Rundumfitness 17

Beckenboden aktivieren 17
Füße ausrichten 17
Rücken aufspannen 18
Schultern nach hinten-unten-außen fallen lassen 19
Becken zum Nabel rollen 20
Entspannen 21
Bewegung natürlich verschrauben 22
Ein Lob der Langsamkeit 23
Möglichst viele Wiederholungen 23

NewCallanetics® Das Einsteigerprogramm 24

Block 1: Arme und Busen 25

1 Aufwärmen 26
2 Schultern formen 27
3 Arme straffen 28
4 Taillenschlank 29
5 Halswirbelstretch 30

Block 2: Bauch, Taille und Nacken 31

6 Bauchübungen 31
7 Bauchweg mit Dreieck 32
8 Knopfdehnung 35
9 Bauchweg mit V-Beinen 37
10 Hängebrücke 38

Block 3: Hüfte und Po 41

11 Kleine Beinschere 41
12 Grosse Beinschere 43
13 Innenschenkelschraube 44

Block 4: Kraftdehnungen 46

14 Grosse Grätsche 46
15 Allesdehner gefaltet 47

NewCallanetics® Das Intensivprogramm 48

Block 1: Aufwärmen 49

1 Aufwärmen 50
2 Schultern formen 51
3 Armformer 1 52
4 Armformer 2 53

Block 2: Arme, Nacken und Busen 54

5 Kraft für die Arme 54
6 Armdehner 1 55
7 Armdehner 2 56
8 Busenformer 57
9 Halswirbelstretch 58

Block 3: Bauch, Taille und Rücken 59

10 Weiche Bauchwelle 60
11 Bauchweg mit V-Beinen 62
12 Bauchweg Doppelschraube 64
13 Bauchweg rückenschonend 66
14 Bauchweg extrem 68

15 Bauch wegschieben 70
16 Beinsenke 73
17 Hängebrücke Turbo 74
18 Bauchweg im Sitzen 76

BLOCK 4: OBERSCHENKEL, RÜCKEN UND BECKENBODEN 78

19 Pliés im Breitformat 79
20 Beckenwelle im Breitformat 80
21 Kniesehnendehnung an der Stange 81
22 Wadendehnung an der Stange 82
23 Oberschenkeldehnung an der Stange 84
24 Rückendehnung an der Stange 85
25 Beinlang-Dehnung 87
26 Beckenkreisen 88

BLOCK 5: GESÄSS, HÜFTE UND BEINE

27 Langbeinschraube gestreckt 91
28 Langbeinschraube angewinkelt 92
29 Beinschere angewinkelt hoch 93
30 Beinschere gestreckt hoch 94
31 Beinformer in der Luft 96
32 Rückensuperstretch 99
33 Große Grätsche 100

BLOCK 6: KRAFTDEHNUNGEN

34 Hüftdehnung sitzend 102
35 Rückendehnung und Koordination 105
36 Wadendehnung extrem 106
37 Innenschenkeldruck 108

DAS KURZPROGRAMM 109

15 MINUTEN …109

WAS IST, WENN …? 110

EINLEITUNG

NEWCALLANETICS® ist ein Trainingsprogramm mit exakt aufeinander abgestimmten Muskelübungen und Dehnungen. Schon eine Stunde pro Woche bringt Ihnen schneller sichtbare, spürbare Resultate als jede andere Gymnastik.

Callan Pinckney, die das ursprüngliche CALLANETICS® -Programm entwickelte, sagt gern und laut: »Das Leben ist zu kurz, um es in einem Gymnastikstudio zu verbringen. Wenn Sie sich schon die Mühe geben zu trainieren, so soll es Ihnen, bitte schön, etwas bringen. Und zwar schnell. Nach drei Stunden müssen Sie erste Komplimente bekommen, sonst ist die Methode nichts für Sie.«

Benita Cantieni, die Ko-Autorin dieses Buches und federführend bei der Entwicklung von NEWCALLANETICS®, teilt Callans Ansicht – und abertausende Fans der Methode mit ihr: »Wenn ich mich schon abmühe, so will ich Resultate sehen und spüren. Nach Möglichkeit sofort.«

Wer pro Woche zwei Stunden in NEWCALLANETICS® investiert, erzielt damit das Optimum an Wirkung: Kraft, Beweglichkeit und die ästhetische Bestform, die in jedem Körper steckt. NEWCALLANETICS® versteht sich nicht als Freizeitsport, dem vor allem zum Vergnügen gefrönt wird. »Diese Methode ist die beste Grundlage für alle Sportarten, sei es Tennis, Golf, Wandern, Radfahren, Schwimmen oder Segeln. NEWCALLANETICS® bringt Ihnen Lebensqualität«, verspricht Cantieni.

Das Training kommt ganz ohne ruckartige Bewegungen aus. Es ist nicht schweißtreibend, aber doch genau so anstrengend, daß es Ihnen das Gefühl gibt, für Ihre Fitneß wirklich etwas getan zu haben. »Mit diesem Training können Sie sich immer wieder herausfordern, ohne sich je zu überfordern«, sagt Cantieni. Ein Konzept, das besonders Frauen zwischen 25 und 85 zu schätzen wissen.

Wenn Sie sich zum erstenmal mit der CALLANETICS®-Methode beschäftigen, bietet Ihnen dieses Buch ein Einsteigerprogramm von rund 40 Minuten Dauer. Sobald Sie sich die Bausteine der NEWCALLANETICS®-Methode zu eigen gemacht haben, wird es Ihnen leichtfallen, das Intensivprogramm in 60 Minuten zu absolvieren. Das Kurzprogramm begleitet Sie auf Reisen und durch besonders stressige Berufszeiten. 15 Minuten können Sie für Ihr Wohlbefinden immer finden. So verlieren Sie nicht gleich wieder alles an Muskeltonus und Beweglichkeit, wenn Sie mal drei Wochen »Ausnahmezustand« überbrücken müssen.

Außerdem beeinflußt die NEWCALLANETICS®-Methode die Appetitregelung positiv. Viele Anhängerinnen der Methode brauchen weniger Schlaf. Andere sind begeistert, weil NEWCALLANETICS® schnell und nachhaltig beim Streßabbau hilft.

Eine Warnung müssen wir aussprechen: Verbannen Sie die Waage aus Ihrer täglichen Routine, wenn Sie mit NEWCALLANETICS® anfangen. Sie wird Sie nur irritieren. Denn es kann sein, daß Sie Ihre Kleider schon nach ein paar Wochen ein, zwei Größen kleiner kaufen können – die Waage aber mehr Gewicht anzeigt. Der Grund ist einfach: Muskel ist schwerer als Fett. Folgen Sie Callans Rat, nehmen Sie sich ein attraktives enges Kleid oder schmale Lieblingshosen aus Ihrer schlanksten Zeit als Orientierungshilfe, und messen Sie Ihre Körperform daran. »Ich bringe heute drei Kilogramm mehr auf die Waage als in meinen fettesten Zeiten. Aber die Kleider kaufe ich kleiner denn je«, berichtet Benita Cantieni. »Wenn Gewicht in Kilo und Gramm so relativ ist, was soll ich mich denn noch mit Wiegen plagen? Werfen Sie den Staubfänger aus dem Badezimmer. Gewicht hat mit Wohlfühlen und Fitsein zu tun, nicht mit Kilo und Gramm.«

Applaus, Applaus!

»Vor rund einem Monate habe ich mich, nach gründlichem Umsehen in Bodytoningsälen, Fitneßmaschinenfolterräumen und Aerobics-Hallen, für die NewCallanetics®-Methode entschieden. Sie entspricht mir, da ich von Natur aus unsportlich bin und Schweißströme nicht mag. Nach anfänglichem Muskelkater stellten sich schnell Veränderungen und Erfolge ein. Ich habe ein besseres Körpergefühl, eine viel bessere Haltung, und mein Körper ist straffer geworden, vor allem um die Hüften. An Rücken und Armen haben sich Muskeln gebildet, die ich jeden Morgen vor dem Spiegel freudig begrüße.«

Judith R., 33, Zürich

»Ich trainiere seit sechs Monaten nach der NewCallanetics®-Methode und habe wieder eine bessere Figur. Taille, Oberschenkel und das Gewebe um die Brust regenerieren sich. Sogar meine schwachen Füße werden kräftiger durch das richtige Stehen. NewCallanetics® regt meinen Geist an, ich kann mich besser konzentrieren. Und durch die neue Freude an meinem Körper ändert sich auch mein Eßverhalten zum Besseren.«

Annemarie R., 59, Zürich

»Ich habe die NewCallanetics®-Übungen aus dem *Journal für die Frau* sofort ausprobiert und bin begeistert!«

Gudrun K., Schorningen

»Die Beine sind straffer, und mein Körper ist viel beweglicher, was mir einfach ein gutes Gefühl gibt. Auch habe ich eine viel bessere Haltung und mehr Körperbewußtsein im Alltag.«

Petra G., 30, Zürich

»Bereits nach drei Lektionen fielen meinem Mann die Veränderungen auf: Der Po ist straffer, die Oberschenkel sind schlanker. Zwar zeigt die Waage zwei Kilo mehr an als bei Beginn des NewCallanetics®-Trainings, aber ich passe wieder in die engsten Jeans aus meinen ›zwanziger Jahren‹.«

Carola S., Luzern

»Seit ich mit der NewCallanetics®-Methode trainiere, sind meine schmerzenden Nackenverspannungen verschwunden. Meine Körperhaltung hat sich verbessert. Das Gewebe an den Oberschenkeln und am Gesäß hat sich gefestigt, die Cellulite vermindert.«

Iris E., Kilchberg

»Meine Muskeln sind stärker und flexibler geworden, meine Körperformen verbessern sich. Meine Bauchmuskulatur ist so trainiert, daß selbst nach ausgiebigem Essen keine Kugel vorsteht. Oberarme, Oberschenkel und Po sind sichtbar schlanker und straffer geworden, die Cellulite ist kaum mehr sichtbar.«

Karin W., Berlin

»Das NewCallanetics®-Training macht mir Freude. Ich fühle mich nicht nur körperlich, sondern auch psychisch besser. Ich habe mehr Kraft und Ausdauer.«

Elvira K., 28, München

»Seit ich mit der CALLANETICS®-Methode dreidimensional arbeite, habe ich Kraft und Ausdauer – trotz Operation am Knie, trotz Hüftarthrose. Mein Körper hat Jugendlichkeit und Spannkraft zurückgewonnen.«

Doris v. K., Frankfurt am Main

»Nach drei Monaten sichtliche Formung der Figur. Taille, Hüfte, Busen, Bauch – alles ist straffer. Der Rücken wird immer stärker, der Hals immer entspannter.«

Gisela S., Aarau

»NEWCALLANETICS® ist die beste Methode zur Kontrolle des Körpers, zur Verbesserung der Formen – und für Lebensfreude und Streßabbau. Die Körperkoordination kann mühelos im Alltag umgesetzt werden. NEWCALLANETICS® geht in Fleisch und Blut über.«

Susann G., 53, Zürich

»Ich trainiere seit drei Monaten. Mein Ziel: die Rückenprobleme in den Griff zu bekommen und ein sinnvolles Ganzkörpertraining zu erreichen. Der Erfolg spricht für sich. Meine Haltung ist schon viel besser, die Schmerzen sind zum Teil weg. Ich bin viel beweglicher und habe Freude an meinem neuen Körperbewußtsein.«

Barbara L., 33, Stuttgart

«Ich fühlte mich schon nach der ersten Stunde gestärkt und froh. Ich hatte keinen Muskelkater. Nach vier Monaten kann ich sagen: In mir hat eine große Veränderung stattgefunden. Durch NEWCALLANETICS® fühle ich mich in Körper und Seele wohl.«

Margit S., Lüneburg

»Mit der NEWCALLANETICS®-Methode bin ich auf meinen Körper aufmerksam geworden. Ich bemerke Muskeln, von deren Existenz ich nichts wußte, und lerne das Gefühl ›offener‹ Schultern und ›langgezogener‹ Schenkel kennen. Ich spüre im Alltag, wie mich der Beckenboden trägt, beim Sitzen, Stehen und Gehen. Ich verspanne mich nicht mehr, wenn ich am Computer an Drehbüchern schreibe, und ich habe keinen müden Rücken mehr, wenn ich beim Filmen stundenlang herumstehen oder -rennen muß.«

Ruth H., Kilchberg

»Ich habe mich schon mit verschiedenen Gymnastik- und Aerobicübungen beschäftigt, hielt jedoch nie lange durch. Mit NEWCALLANETICS® ist es anders, ich bin geradezu überzeugt, obwohl ich erst vor einigen Wochen damit angefangen habe.«

Daniela R., Klein-Schwechten

»Nach einer Bandscheibenoperation litt ich unter sehr starken Schmerzen. NEWCALLANETICS® schenkt mir neues Vertrauen in meinen Körper. Mit Erfolg bearbeite ich Verspannungen und die Steifheit in den Schultern und im Rücken. Diese schönen und intelligenten Übungen verschönern mich gleichzeitig sehr schnell.«

Chantal M., Lausanne

»Mit Begeisterung las ich in *Journal für die Frau* den Artikel über das NEWCALLANETICS®-Programm. Nachdem ich es durchgearbeitet habe und es mit den bisherigen CALLANETICS®-Übungen verglich, möchte ich Ihnen gratulieren. Das Programm ist sehr gut und funktioniert prima. Man benötigt weniger Zeit und Mühe, und der Erfolg ist noch effektiver.«

Ruth-Esther S., Röhrenfurth

Die Callanetics®-Methode

Es war Anfang der siebziger Jahre. Callan Pinckney, Sproß einer berühmten US-Südstaatenfamilie aus Savannah, Georgia, kam von einer ziemlich wilden Weltreise zurück. Elf Jahre war sie mit einem riesigen Rucksack durch die Kontinente getrampt, hatte in London Schnee geschaufelt und in Bremerhaven Frachtschiffe gestrichen, hatte Japanern Erdnüsse verkauft und mit Nomadenstämmen in Zentralafrika gelebt.

Sie hatte ihren Horizont erweitert – und sich den Rücken ruiniert. Von Kind an litt sie an einer Skoliose (Wirbelsäulenverkrümmung), die Hüfte war als Folge verschoben, die Füße waren nach innen verdreht. Tropenkrankheiten hatten Callan zusätzlich geschwächt. »Meine Mutter fiel in Ohnmacht, als sie mich wiedersah«, berichtet sie heute lachend.

Um wieder auf die Beine zu kommen, probierte sie alles aus, was an Therapien und Gymnastikformen auf dem Markt war, von Alexander-Technik über Yoga zu Lotte Berk, von Feldenkrais über Tai Chi zu Aerobics. Sie begann als Fitneßlehrerin und Masseurin zu arbeiten, wenn auch unbefriedigt, denn nichts half ihr selbst nachhaltig. Also schneiderte sie sich ihre eigene Methode auf den Leib, nahm Anleihen beim Ballett, das sie als Kind mit großer Hingabe ausgeübt hatte, aufgrund der Skoliose aber nicht zum Beruf machen konnte. Sie probierte Yogaübungen aus, transformierte altbekannte Dehnungen in differenzierte Bewegungsabläufe.

Was beim Tüfteln und Probieren herauskam, veränderte Callans Körper unglaublich. In einem Alter, in dem andere Frauen ihren Verfall beklagen, erarbeitete sie sich den Körper ihres Lebens: kraftvoll, elastisch und formschön.

Sie leitete den Phantasienamen CALLANETICS® aus ihrem Vornamen Callan ab, schrieb ein Buch, drehte ein Video und wurde zum gefeierten Star – nein, nicht der Fitneßszene. Die schnitt Callan und belächelt die Methode noch heute.

Millionen von Frauen »über 25« sind es, die auf die Methode schwören. Jene Millionen, die genug haben von leeren Versprechungen und schweißtreibenden Strapazen, von schmerzenden Gelenken und geschwollenen Muskeln am falschen Ort.

Die »callanetischen« Prinzipien

Bewegungen können nicht neu erfunden werden. Es war die Kombination verschiedener Elemente, die eine eigentliche Fitneßrevolution auslöste:

- *exakte Positionierung, echte Millimeterarbeit, die individuell auf jeden Menschen und seinen Fitneßstand zugeschnitten werden kann*
- *Isolierung einzelner Muskelgruppen und klitzekleine Bewegungen, die keine Übersäuerung der Muskulatur verursachen*
- *möglichst viele Wiederholungen, die nebst dem Trainingseffekt auch das Körperbewußtsein nachhaltig verändern*
- *konsequente Kopplung von Krafttraining und Stretching. Die bearbeiteten Muskelgruppen werden gedehnt, solange sie warm sind*
- *die genial einfache Idee des Energietransfers: Während eine Muskelgruppe*

intensiv arbeitet, entspannt sich der übrige Körper vollkommen. Der Effekt dieses Grundsatzes auf Geist und Psyche ist enorm.
All diese Elemente zusammen ergaben ein Übungsprogramm, das so ganz anders war als alles, was auf dem Markt angeboten wurde. Das war Anfang der achtziger Jahre.
Callan erholte sich nie ganz von ihren Tropenkrankheiten und zog sich nach Savannah zurück, derweil die Bücher und Videos ihren Siegeszug um die Welt antraten und CALLANETICS® zur meistkopierten Fitneßmethode aller Zeiten machten.

DIE ENTWICKLUNG VON NEWCALLANETICS®

Benita Cantieni hat eine ähnliche Leidensgeschichte hinter sich wie Callan Pinckney: Skoliose, Scheuermannsche Krankheit, schwere Hüftgelenkarthrose, angebrochenes Kreuzbein. Alexander-Technik, Feldenkrais, Rolfing, Trager, Cranio-Sakral-Therapie, Atlastherapie, Physiotherapie – alles half ein bißchen für eine gewisse Zeit, nichts heilte dauerhaft. »Ich habe für alle diese Therapien großen Respekt, aber ich fühlte mich von Dritten abhängig, niemand lehrte mich, wie ich den Körper grundlegend besser gebrauchen konnte, wie ich die Gewohnheiten ändern konnte, die all meine Probleme verursacht hatten. Tief in mir steckte die Vision, es müßte eine Methode geben, die guttut und schön macht.« Sie hörte seit Jahren immer wieder von der CALLANETICS®-Methode und probierte sie eines Tages auch aus.
»Zu verlieren hatte ich ja nichts mehr, ich lebte tagein, tagaus mit Schmerzmitteln, konnte keine Sportart mehr ausüben, plagte mich mehr schlecht als recht durch die Tage.«
Sie spürte schon nach der ersten Stunde Linderung. Als Journalistin packte sie die Neugier. Sie interviewte Callan Pinckney 1992 in München, schrieb über die Methode, machte sie in der Schweiz bekannt. Schließlich quittierte sie 1994 ihren angestammten Beruf, um eine Original-CALLANETICS®-Studiokette aufzubauen und Lehrer auszubilden.
»In meinem persönlichen Training kam ich nach etwa zwei Jahren an eine Grenze. Ich hatte durch die CALLANETICS®-Methode gigantische Fortschritte gemacht, aber es ging einfach nicht mehr weiter.«
Da schlug der Zufall zu und brachte sie mit dem Schweizer Arzt und Spezialisten für Bewegungskoordination Christian Larsen zusammen. Benita Cantieni vernetzte die wichtigsten Grundsätze für den anatomisch richtigen und koordinierten Gebrauch des Körpers, wie sie die Spiraldynamik lehrt, und baute sie in die CALLANETICS®-Übungen ein:

- *den konsequenten Einsatz und Gebrauch der Beckenbodenmuskulatur bei jeder Übung*
- *die konsequente Aufspannung der Wirbelsäule in der Schwerkraft*
- *das konsequente Ausrichten der Ideallinie Fuß, Knie, Hüften, Becken, Schultern.*

Die Spiraldynamik ist ein anatomisch begründetes Konzept menschlicher Haltungs- und Bewegungskoordination. Sie wurde in fünfzehnjähriger Forschungsarbeit von einem Expertenteam um die Physiotherapeutin Yolande Deswarte (Paris) und den Arzt Christian Larsen (Bern) entwickelt. Die Spiraldynamik findet weltweit Anwendung auf den Gebieten Medizin, Physiotherapie, Sport- und Trainingslehre, Tanz und Gymnastik.

Beim sonntäglichen Joggen im Wald lieferte einmal mehr der Zufall die Inspiration. »Ich schaute nicht auf den Boden und landete auf einem unförmigen Stein. Der Fuß kippte zur Seite, und der äußere Knöchel begann augenblicklich zu schmerzen«, erinnert sich Benita Cantieni. »Ein vertrauter Schmerz, als Kind hatte ich meine Fußgelenke dauernd verstaucht. In diesem Augenblick erkannte ich, daß ich Gelenkigkeit und Muskelkraft nur so lange unter Kontrolle hatte, wie ich mich geradeaus bewegte. Auf einen Ausfallschritt auf einer Erhebung war mein Fuß nicht vorbereitet. Meine Muskeln waren nur für zwei Dimensionen stark genug, auf und ab oder hin und her. Da kam mir die Idee, alle Bewegungen während des Trainings dreidimensional zu konzipieren.«

Egal, ob Sie jemandem die Hand geben, ein Glas vom Tisch nehmen, eine Violine halten, ein Kind streicheln: Immer ist die Bewegung aus sich heraus dreidimensional. Daraus ergab sich die konsequente Anwendung des Prinzips der Verschraubung in den Bewegungen – die NEWCALLANETICS®-Methode war geboren.

NEWCALLANETICS® trainiert die Muskeln in ihrer natürlichen, evolutionären Bewegungsfreiheit und Bewegungsvielfalt. So werden die tiefsten Schichten der Muskulatur aktiviert und definiert, jene Muskeln, die das Skelett stützen und formen. Die »verpackende« äußerste Schicht der Muskeln wird von innen heraus geformt. Das Resultat ist regelrechte »Designerfitneß« und »Körperarchitektur«.

Geblieben sind die bewährten Prinzipien der ursprünglichen Methode

- *exakte Position*
- *kleinste Bewegung*
- *möglichst häufige Wiederholung*
- *Integration von Krafttraining und Stretching.*

Therapeutischer Nebeneffekt: Die Körperintelligenz wird geweckt und verbessert. Durch NEWCALLANETICS® verändert sich die Art, wie Menschen gehen, sitzen, stehen, liegen. Das natürliche Gefühl für den ökonomischen, den anatomisch richtigen Gebrauch des Körpers kehrt zurück. Mit der wiedergewonnenen Kraft, der Beweglichkeit und der Koordination kehrt die Freude an und die Lust auf Bewegung wieder. Verantwortung und Vorsorge sind die besten Versicherungen gegen degenerative Erkrankungen am Bewegungsapparat.

Callan Pinckney steht voll hinter dem neuen Programm. Vor allem sind die Studenten der Original-CALLANETICS®-Studios begeistert von der neuen Herausforderung. Sie nennen NEWCALLANETICS® »die Gymnastik fürs nächste Jahrtausend«.

»Mit Kraft und Charme ins Wassermann-Zeitalter, weg vom Weibchenklischee. Mit dem Beckenboden werden aus Weibchen Frauen, die Fitneßrevolution ist da«, schrieb eine NEWCALLANETICS®-Anhängerin in überbordendem Enthusiasmus.

Ein muskuläres Meisterwerk

Als sich der Mensch zum aufrechten Gang entschloß, stellte er die Evolution vor eine ganz schön knifflige Aufgabe. Die Wirbelsäule mußte plötzlich das ganze Gewicht in der Vertikalen abfedern. Und aus der Bauchwand mußte eine Tragehilfe werden. Es entwickelte sich der Beckenboden, ein muskuläres Meisterwerk: Dreilagig, längs und quer verstrebt, vermag er das Gewicht des Oberkörpers zu tragen. Vorausgesetzt, er ist trainiert, nimmt er die Rolle des wichtigsten Zwischenstockwerkes im Hochhaus Mensch wahr. In der NewCallanetics®-Methode ist der Beckenboden das Zentrum, von dem aus alle Grundpositionen gesteuert werden. Dadurch kommt in die Muskulatur des Beines die natürliche Zugspannung. Diese Zugspannung zwischen Ursprung und Ansatz macht die Muskeln geschmeidig, sie kräftigt und strafft das Gewebe. Salopp erklärt: Ein gespannter, straffer Muskel, der am Becken aufgehängt ist, hält das Fett- und Bindegewebe am Ort. Wenn der Muskel durchhängt, erschlafft das darüber liegende Gewebe und zieht – die Schwerkraft macht's – nach unten. Es bilden sich die unschönen Hautdellen, die jede zweite Frau über dreißig kennt.

Durch konsequenten Einsatz des Beckenbodens verbessert sich die Haltung. Sofort. Der Körper gewinnt Stabilität. Alle wichtigen Muskelgruppen des unteren Rückens verlaufen zum Beckenboden. Ist er aktiv, haben diese Muskeln einen natürlichen, stärkenden Tonus. Diffuse Schmerzen »im Kreuz« verschwinden. Trägt der Beckenboden das Gewicht des Oberkörpers, müssen die Beine und die Füße weniger Arbeit leisten. Sie fühlen sich leichter an. Verformungen der Füße, die mit fortschreitendem Alter als »normal« hingenommen werden, können so gestoppt werden.

Kontaktübung

Haben Sie einen Tennisball in der Nähe? Damit können Sie schnell feststellen und unmißverständlich spüren, wo genau sich der Beckenboden befindet: Legen Sie sich auf eine Decke, eine Gymnastikmatte oder einen Teppich. Füße hüftweit auseinander, die Beine angewinkelt. Entspannen Sie den Rücken, lassen Sie ihn gleichsam in die Unterlage fließen. Das Gesäß ist und bleibt vollkommen entspannt. Jetzt setzen Sie mit der einen Hand den Tennisball zwischen die Beine, und zwar genau zwischen Vagina und Anus auf den Damm. Loslassen, die Arme und Hände bequem neben den Körper legen. Versuchen Sie, den Tennisball in den Körper zu ziehen. Die Muskeln, die sich dabei regen, sind die des Beckenbodens.

Es ist ganz wichtig, ein Gefühl für das Epizentrum am Damm zu entwickeln. Hier liegt der statische Mittelpunkt des Beckenbodens. Hier treffen sich die innere und die mittlere Schicht, die das tragfähige Trampolin ausmachen. Wenn sich ein richtiges »Zwischenbodengefühl« einstellt, sind Sie auf der richtigen Fährte. Haben Sie dagegen ein »Röhrengefühl«, das

durch die Vagina in den Körper und zum Nabel aufsteigt: anhalten, entspannen, noch mal von vorne. Das ist nicht das Grundgefühl, das Sie für das NEWCALLANETICS®-Training anstreben. Wir trainieren den vielzitierten Liebes- oder PC-Muskel (Pubococcygeus) unter »ferner liefen«. Der Beckenboden umfaßt sieben stattliche Muskeln, die sich vom Steißbein zum Schambein und von einem Hüftgelenk zum anderen erstrecken. Keine Bange, alles, was Ihnen das Liebesmuskeltraining verspricht, kriegen Sie durch richtiges Beckenbodentraining garantiert.

Und so ganz nebenbei ist das NEWCALLANETICS®-Beckenbodentraining die beste Vorsorge gegen Hämorrhoiden, Inkontinenz, Organsenkungen, Hernien, undefinierbare Kreuz- und Rückenschmerzen.

Halten Sie den Tennisball wie zuvor beschrieben, ohne die Knie zusammenzudrücken, ohne das Gesäß anzuspannen und ohne die Oberschenkelmuskulatur zum Klemmen zu benutzen und, vor allem, ohne das Gesäß vom Boden zu heben.

Legen Sie jetzt die Mittelfinger an die Sitzknochen. Die befinden sich exakt in der Mitte der Falte unter Ihrem Gesäß. Beherzt reingreifen, bis Sie die eckig hervorstehenden Knöchelchen spüren. Versuchen Sie jetzt, diese Sitzknochen zusammen und in den Damm zu ziehen. Sie spüren deutlich, wie sich die Knochen unter Ihren Fingern bewegen. Die äußere Gesäßmuskulatur bleibt dabei entspannt.

Gratulation! Das ist der Beckenboden, den wir meinen. Die »tragende Mitte« Ihres Körpers, die beste Altersvorsorge für Gesundheit und Schönheit. Von jetzt an ist es nur eine Frage der Übung. Je öfter Sie während des ganzen Tages daran denken und die Muskeln anspannen, desto schneller wird der Beckenboden seine angestammte Funktion wieder übernehmen. Er wird so selbstverständlich und unwillkürlich wie das Augenlid seine Aufgaben erfüllen. Tagein, tagaus. Bis es soweit ist, müssen Sie ihn willentlich abrufen.

DER AUFGESPANNTE RÜCKEN

Wir haben zwei Möglichkeiten, mit der Schwerkraft umzugehen: Wir können uns von ihr niederdrücken lassen. Dabei werden wir immer kleiner und nennen's den natürlichen Schrumpfungsprozeß durch das Altern. Wir können die Schwerkraft aber auch als Verbündete sehen. Sie gibt uns Halt, sie ermöglicht es uns, aufrecht zu gehen.

Genau hier setzt NEWCALLANETICS® an. Ist der Beckenboden in Aktion, können Sie die Wirbelsäule ganz ohne Anstrengung und mit vollkommen entspannten Schultern dehnen.

Stellen Sie sich vor, Sie hingen vom Scheitel an einem Marionettenfaden. Lassen Sie den Scheitelpunkt von diesem Faden hochziehen. Und schon spüren Sie, wie sich die Wirbelsäule dehnt, wie die Rückenmuskulatur arbeitet.

Blicken Sie geradeaus, und halten Sie vor allem das Kinn locker. Acht von zehn Frauen steuern die Kopfhaltung mit dem Kinn, statt mit dem Scheitel, und sind daher entsprechend anfällig für Kopfschmerzen. Jedesmal, wenn Sie versuchen, mit vorgerecktem Kinn das Doppelkinn wegzuschummeln, erreichen Sie er-

stens das genaue Gegenteil, Sie verziehen die vordere Halsmuskulatur, und blockieren zweitens durch das Abknicken des Kopfträgerwirbels (Atlas) die wichtigsten Nervenstränge im Nacken. Verspannungen, Schmerzen, chronische Migräne können die Folgen sein.
Also: Beckenboden aktivieren, ohne das Gesäß anzuspannen. Wirbelsäule aus dem Beckenboden in den Scheitelpunkt verlängern. Den Scheitelpunkt, im Englischen so viel schöner »Kronenpunkt« genannt, am imaginären Goldfaden zum Himmel dehnen. Augen geradeaus, Kinn locker fallen lassen.

DER NABEL DER WELT

Eine klitzekleine Bewegung hat CALLANETICS® berühmt gemacht: das »gerollte« Becken. Es spielt auch in NEWCALLANETICS® eine zentrale Rolle: Im Stehen wird zuerst der Beckenboden aktiviert, um dann das Becken ganz leicht zum Nabel zu rollen. Versuchen Sie, das Schambein Richtung Nabel zu kräuseln. Der obere Rücken bleibt dabei vollkommen gerade. Versuchen Sie, die Dehnung der Wirbelsäule unbedingt zu halten. Nur der unterste Teil des Rückens »verlängert« und dehnt sich nach unten. Und das Becken befindet sich nun exakt dort, wo es hingehört. Es hält den »Bauch«, also alle Organe des Unterleibs.
Wenn Sie diese so einfache und effiziente Haltungskorrektur vor dem Spiegel ausprobieren, können Sie zusehen, wie der Bauch »verschwindet«. Das Hohlkreuz wird auf natürliche Weise ausgeglichen. Der Brustkasten kann sich öffnen, und vor allem müssen die Schultern nicht mehr versuchen, das ganze Gewicht der Welt allein zu schleppen. Ist die Körpermitte stabil und optimal ausgerichtet, können Sie die Last Ihrer Jahre und Ihres Gewichts einfach »loslassen«.
Atmen Sie tief ein. Beim Ausatmen lassen Sie die Schultern nach hinten, unten, außen fallen.
So. Jetzt haben Sie die richtige Grundhaltung für NEWCALLANETICS®. Mit der Zeit wird sie Ihnen in Fleisch und Blut übergehen – und Ihren Alltag verändern. Sie werden es spätestens merken, wenn Sie von großzügigen Menschen wunderschöne Komplimente bekommen, wenn Sie gefragt werden, ob Sie gewachsen seien, ob Sie aus dem Urlaub kommen, ob Sie verliebt seien.
Aus der neidvollen Ecke kommen eher die spitzen Bemerkungen, »Du gehst plötzlich so stolz« oder »Du trägst den Kopf auf einmal so hoch«, oder »hast du eine Schönheitsoperation gemacht?« Sie werden's mit Fassung zu tragen wissen – Beckenboden sei Dank.

DIE ÜBUNGEN

»Mein Kopf findet das alles schwierig zu begreifen, aber mein Körper sagt mir, daß es richtig ist«, so faßte eine Studiobesucherin ihre erste Erfahrung mit NEWCALLANETICS® zusammen. In der Tat sind es ziemlich viele Informationen auf einmal. Setzen Sie sich nicht unter Erfolgsdruck. Nehmen Sie sich einfach jeden Tag einen der folgenden Bausteine vor. Konzentrieren Sie sich auf dieses eine Element. Jedes Element allein steigert die Wirkung der Übungen enorm. Alle zusammen bilden die schnellste, sicherste und sorgfältigste Gymnastikmethode der Welt.

Bausteine zur Rundumfitness

Die Übungen

Beckenboden aktivieren

Der Beckenboden ist ein tragfähiger Muskelteppich am unteren Beckenrand. Er hält das Gewicht des Oberkörpers und nimmt dadurch Hüften und Beinen die Last ab.
So finden Sie den Beckenboden ganz leicht: Setzen Sie sich auf eine weiche Unterlage. Schieben Sie die Mittelfinger unter Ihre Sitzknochen. Jetzt konzentrieren Sie sich auf den Damm, also auf die Stelle zwischen Vagina und Anus, wo sich alle Muskeln des Beckenbodens kreuzen. Versuchen Sie, diesen Punkt in den Körper zu ziehen. Wenn Sie spüren, wie sich die Sitzknochen zueinander bewegen: bravo. Sie haben den Beckenboden schon entdeckt.
Wenn Sie nichts spüren: Wahrscheinlich konzentrieren Sie sich zu sehr auf die Muskulatur, die Ihre Körperöffnungen kontrolliert, Harnröhre, Vagina, Anus. Diese äußerste Schicht des Beckenbodens trainiert bei NewCallanetics® automatisch mit, aber konzentrieren Sie sich bitte nicht nur darauf.
Husten Sie kurz und heftig. Da, wo es sich anfühlt, als gebe der Beckenboden nach, da ist der Damm, der Mittelpunkt. Jetzt versuchen Sie die Sache mit den Sitzknochen noch einmal. Wenn in den Anleitungen zu den Übungen steht: Beckenboden aktivieren oder anspannen, rufen Sie genau diese Kontraktion und dieses Empfinden wieder ab.

Füsse ausrichten

Der Beckenboden gibt der gesamten Beinmuskulatur einen Grundtonus. Die Muskeln sind am Ursprung »aufgehängt«. Der Fuß kann, anatomisch richtig gebraucht, einen Gegenzug bilden. Diese Spannung zwischen zwei Polen vermittelt den Muskeln Kraft und Elastizität, die Sie augenblicklich spüren können. Stehen Sie entspannt. Beckenboden aktivieren. Scheitelpunkt zum Himmel dehnen. Stellen Sie sich vor, Sie zeichnen eine Strumpfnaht aufs Bein. Fangen Sie an der Ferse an, ziehen Sie den Strich in der Mitte hoch, übers Kniegelenk bis hoch in die Gesäßfalte. Denken Sie Energie in die Ferse, und verankern Sie das Großzehengelenk am Boden. Jetzt sollten Sie das Sprunggelenk bewußt spüren können: Vom Großzehengelenk zur Außenseite der Ferse spannt sich ein richtiger Bogen, und der Fuß fühlt sich gewölbt an. Wenn sich dabei automatisch die vier kleinen Zehen leichter anfühlen, so stehen Sie goldrichtig. In dieser Stellung wird es Ihnen schwerfallen, die Knie durchzudrücken. Sie bleiben vielmehr auf ganz natürliche Art entspannt – sprungbereit eben. Suchen Sie diesen Bodenkontakt mit den Füßen, wann immer Sie die Grundposition im Stehen einnehmen. Und denken Sie im Alltag immer öfter daran – Ihr ganzer Körper wird es Ihnen danken!

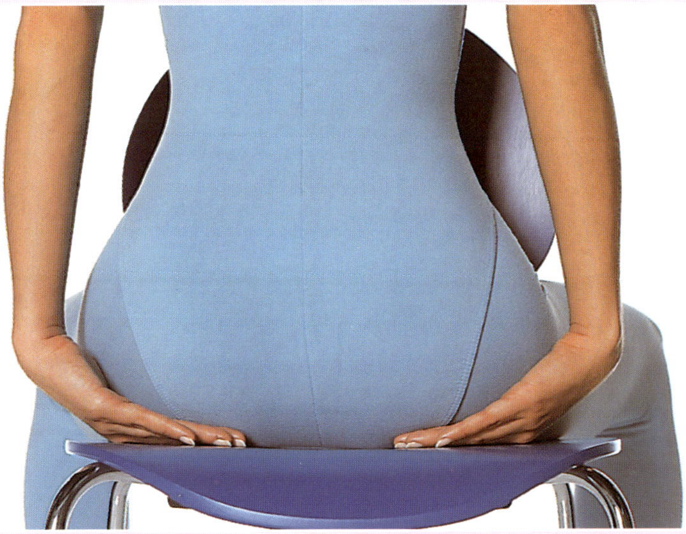

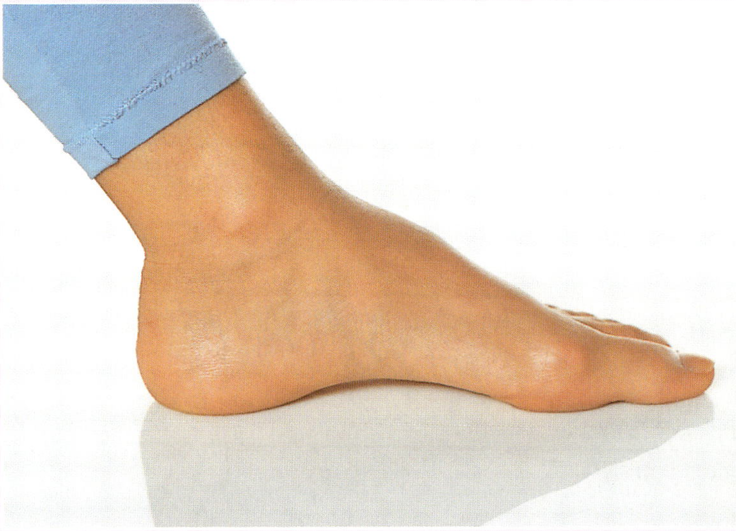

Rücken aufspannen

Füße ausrichten, Knie entspannen. Beckenboden anspannen. Jetzt versuchen Sie aus der Taille, den unteren Rücken nach unten zu verlängern, den oberen nach oben, entspannen Sie den Rücken in die Länge. Vom Scheitelpunkt am Kopf denken Sie sich einen Goldfaden in den Himmel. An diesem Goldfaden wird jetzt die ganze Wirbelsäule von unsichtbarer Hand hochgezogen.

SCHULTERN NACH HINTEN-UNTEN-AUSSEN FALLEN LASSEN

Die meisten Verspannungen tragen Frauen in ihren Schultern. Die Armkugel ist mit dem Schulterdach verkeilt. Sobald Sie bewußt und regelmäßig mit dem Beckenboden arbeiten, werden Sie eine Entlastung fühlen. Sie können nachhelfen, indem Sie in der Grundposition mit aufgespannter Wirbelsäule die Arme schwer nach unten ziehen lassen. Jetzt können die Schultern nach hinten-unten-außen fallen.

Betrachten Sie sich im Spiegel. Sie werden sehen, wie sich beim Senken der Schultern die Schlüsselbeine heben und eine fast waagrechte Linie bilden, wie sie Ballerinas haben. Aus dieser Haltung entfalten alle NewCallanetics®-Arm- und Brustübungen die optimale Wirkung.

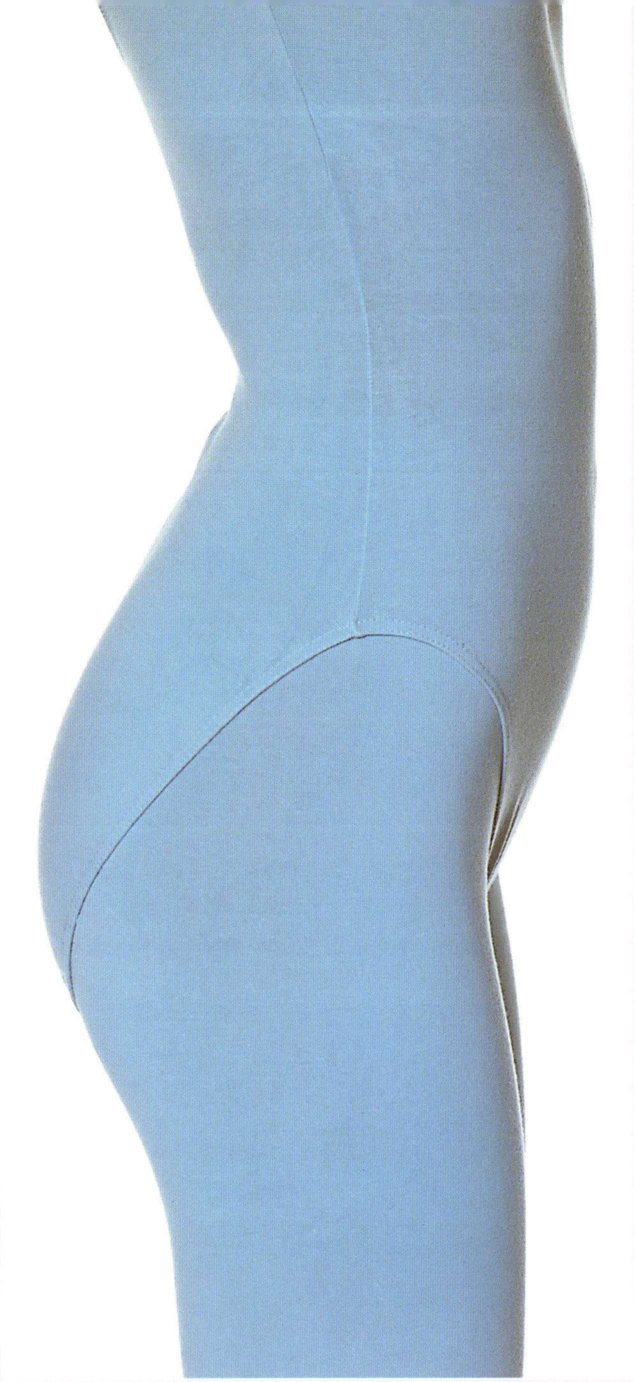

Die Bewegung:
Diese kommt nur aus der Lende und richtet Ihr Becken optimal auf. Gesäß und Bauch bleiben entspannt. Der Rücken fühlt sich lang und gedehnt an. Diese klitzekleine Bewegung ist gemeint, wenn es in den folgenden Übungen heißt: das Becken zum Nabel rollen.

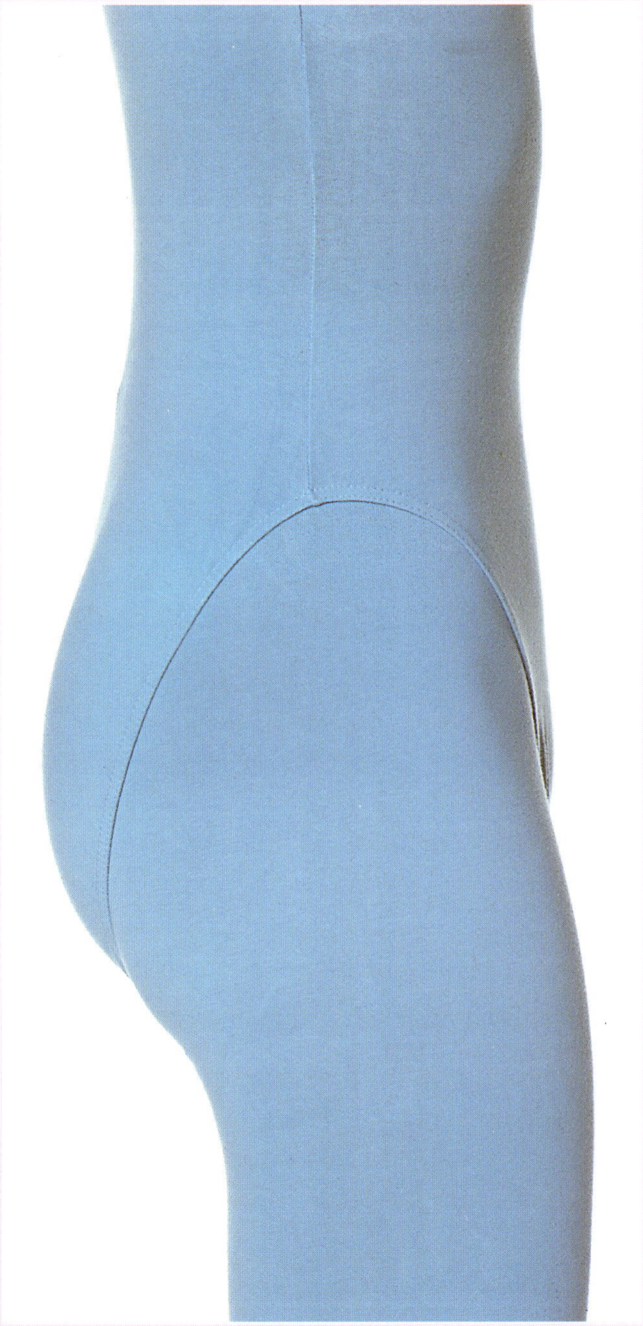

Becken zum Nabel rollen

Stehen Sie an einer Sprossenwand, an einem Türrahmen oder an einem Fensterrahmen. Wenn Sie die Arme ausstrecken, sollten sich Ihre Finger knapp an der Sprosse oder am Rahmen halten können. Großzehengelenk ausrichten, Beckenboden anspannen, Scheitelpunkt in den Himmel dehnen, Schultern nach hinten-unten-außen fallen lassen. Nun versuchen Sie, mit dem Beckenboden das Becken zum Nabel zu rollen. Der Rücken bleibt gedehnt und entspannt.

Entspannen

Wir bewundern die Eleganz sowohl der wilden als auch die der domestizierten Katzen. Wir bewundern die Kraft und die Schönheit der Pferde. Wir finden Vögel im Flug hinreißend. Selber sind wir entweder angespannt, verspannt, überspannt oder, in der Entspannung, kraftlos wie Mehlsäcke. Und sind überrascht, wenn die Muskeln schlaff werden, die Gelenke schmerzen, die Wirbelsäule gestaucht wird.

Es gibt eine Alternative: die aktive Entspannung. Bauen Sie die Grundposition für jede Übung sorgfältig auf – und entspannen Sie sich in dieser Position. Lassen Sie den Atem fließen. Lassen Sie alle Anstrengung aus Ihrem Geist fließen. Lassen Sie los, lassen Sie die Muskeln für sich arbeiten. Dafür sind sie da.

Jetzt kann die ganze Energie in jene Muskelpartie fließen, die Sie bearbeiten möchten. Das ist Energietransfer. Das ist Ökonomie. Sie werden sehen, je mehr Sie sich beim Training entspannen, desto schneller wirken die Übungen. Je mehr Sie sich entspannen, desto tiefer und intensiver arbeiten die Muskeln. Je mehr Sie sich entspannen, desto schneller fließen die Grundelemente von New-Callanetics® in Ihren Alltag ein.

Bewegung natürlich verschrauben

Heben Sie Ihren rechten Arm auf Schulterhöhe, winkeln Sie den Unterarm an. Schulter nach hinten-außen-unten entspannen. Das Handgelenk ist entspannt, vom Ellbogen zum Mittelfinger verläuft eine gerade Linie. Versuchen Sie, mit dem kleinen Finger den Daumen einzufangen. Dabei verdreht sich Ihr Arm ganz automatisch und anatomisch richtig. Halten Sie die größtmögliche Drehung. Holen Sie Kraft aus dem oberen Rücken und versuchen Sie, die Drehung mit der Hand noch ein wenig zu steigern. Es entsteht ein kleiner, dreidimensionaler Puls. Das ist gemeint, wenn bei den Übungen von Verschrauben die Rede ist. Bei den Armübungen kommt der Impuls für den kleinen, verschraubten Dreh aus dem Rücken. Bei den Beinübungen aus dem Beckenboden. Lassen Sie sich nicht entmutigen, wenn's beim ersten Mal nicht auf Anhieb klappt. Wenn Sie die Grundpositionen sorgfältig aufgebaut haben, kann es nicht schiefgehen. Wahrscheinlich werden Sie am Tag danach spüren, daß Sie ganz schön intensiv gearbeitet haben. Meist hat nur der Kopf Mühe mit der klitzekleinen Verschraubung. Er ist wahrscheinlich auf Leistung programmiert, »ohne Fleiß kein Preis«, »je mehr, desto besser« und so.

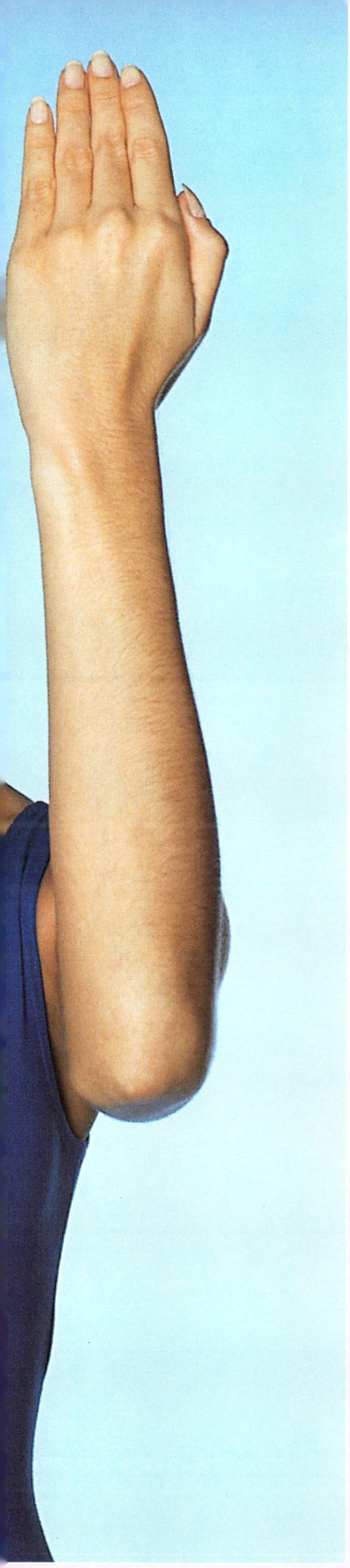

Ein Lob der Langsamkeit

Die Bewegungen sind klitzeklein. Millimeterarbeit. Wie groß so klein ist, darüber brauchen Sie sich den Kopf nicht zu zerbrechen. Wenn Sie die Beschreibungen schrittweise befolgen, kommt das Aha-Erlebnis garantiert: Wird der Beckenboden optimal eingesetzt, so erfolgt die Impulsbewegung fast von selbst, wie eine Kettenreaktion fließt sie – zum Beispiel – durch das Bein in die Ferse und zurück. Die Winzigkeit der Bewegung wird Ihnen schnell in Fleisch und Blut übergehen – vorausgesetzt, Sie arbeiten langsam, langsam, langsam.

Wenn von einem Puls die Rede ist, so können Sie diese Zeiteinheit wörtlich nehmen. Folgen Sie dem Pulsschlag Ihres Herzens, das ist Ihr idealer Takt.

Möglichst viele Wiederholungen

Das Prinzip der ursprünglichen CALLANETICS®-Methode gilt auch für NewCallanetics®. Wiederholen Sie den kleinen Dreh so oft es geht. NewCallanetics® bearbeitet die tiefsten Schichten der Muskulatur, dadurch vervielfacht sich die Wirkung, und Sie brauchen nicht mehr bis zu 100 Wiederholungen.

Am Anfang werden Sie kaum über 15, 20 Pulse hinauskommen. Steigern Sie auf 30. Wenn Sie mehr als 50, 60 Pulse schaffen, haben Sie es sich zu leicht gemacht. Lesen Sie die Instruktion noch mal genau durch – haben Sie den Beckenboden eingesetzt? Haben Sie die Schultern zurückgesetzt? Ist der Arm maximal verschraubt?

Überhaupt lohnt es sich, die Beschreibungen für die Übungen regelmäßig nachzulesen, damit sich keine Fehler einschleichen und Sie plötzlich mehr Umfang haben, wo Sie weniger wollten, und weniger, wo mehr erwünscht ist.

NewCallanetics®
Das Einsteiger-Programm

Für die folgenden 15 Übungen benötigen Sie die ersten zwei-, dreimal wahrscheinlich etwa 40 Minuten, weil alles so neu ist. Wenn Sie die Positionen kennen, dauert das Einsteigerprogramm noch eine knappe halbe Stunde. Es ist deshalb auch für Fitneßfaule geeignet, die mit einem Minimum an Aufwand das Maximum an Wirkung erzielen möchten.

Grundposition im Stehen

Füße hüftweit auseinander, Beckenboden anspannen, Fuß am Boden verankern. Gleichgewicht auf Großzehenballen und Außenseite der Ferse verteilen. Scheitel verlängern, als wäre er am Himmel an einem goldenen Haken aufgehängt. Den oberen Rücken entspannen. Knie nicht durchdrücken, sondern ebenfalls entspannen.

So wird's gemacht:
Arme vor dem Körper verschränken, zur Seite hin öffnen, in einem großen, entspannten Schwung zur Decke heben und die Wirbelsäule dabei dehnen. Arme wieder rund fallen lassen, wiederholen. Beim Auf einatmen, beim Ab ausatmen. Etwa 8mal. Dann unten bleiben, die Arme im Halbkreis zur Seite schwingen, mit den Knien tief und hoch, damit die Blutzirkulation tüchtig in Schwung kommt.

Die Bewegung:
Schwungvoll, rund und entspannt. Oberkörper und Kopf fließen entspannt mit. Je etwa 8 ganze und 8 halbe Kreise.

1
Aufwärmen

Was diese Übung bewirkt:
Sanftes Aufwärmen der Muskulatur. Geschmeidigmachen der Gelenke. Allgemeine Entspannung.

2
Schultern formen

Was die Übung bewirkt:
Verspannungen in den Schultern und im oberen Rücken werden gelöst. Die gesamte Armmuskulatur wird tonisiert und gekräftigt. Muskeln und Sehnen werden elastisch.

So wird's gemacht:
Grundposition im Stehen einnehmen. Arme auf Schulterhöhe ausstrecken. Oberkörper zur Decke dehnen. Schultern bewußt entspannen und nach hinten-unten-außen fallen lassen. Arme nach vorne eindrehen, bis die Handinnenflächen zur Decke zeigen. Den Unterarm federleicht aus dem weichen Ellbogen fallen lassen. Mit den Händen zur Decke pulsieren, als wollten Sie die Luft schwer nach oben wegschieben.

Die Bewegung:
Die Hände sind wie offene Schalen. Anfangs fällt es Ihnen vielleicht schwer, sie gerade hoch zur Decke zu schieben. Macht nichts, wenn die Hand nach hinten schiebt. Steigern Sie die Drehung einfach jedesmal. Anfangen mit 10, 15 Wiederholungen, allmählich auf 50 steigern. Vorbereitung für die nächste Übung: Anhalten. In der Position entspannen. Oberarm bleibt waagerecht auf Schulterhöhe, der Unterarm fällt weich nach unten.

Die Bewegung:
Die Auf- und Abbewegung macht höchstens zwei Zentimeter aus. Wenn Sie zu wenig spüren, können Sie die Arme zueinander pulsieren, ebenfalls maximal zwei Zentimeter. 30- bis 50mal wiederholen. Unbedingt den Tonus im Rücken und in den Armen halten. Der Beckenboden bleibt die ganze Zeit aktiv.

3
Arme straffen

Was die Übung bewirkt:
Festigt die Schwabbelpartie am inneren Oberarm. Tonisiert die ganze Armmuskulatur. Setzt die Schultern zurück. Kräftigt den Rücken.

So wird's gemacht:
Grundposition wie am Ende der Übung 2 einnehmen. Schultern bewußt entspannen, das wirkt im Spiegel, als ob die Arme dabei länger würden. Jetzt ziehen zarte Marionettenfäden an der Spitze des Mittelfingers. Sie ziehen den Finger entspannt nach hinten. Beckenboden noch mehr anspannen, Scheitel langziehen, den Oberkörper mit ganz geradem Rücken aus dem Becken gerade nach vorne beugen. Die Arme auf dem Rücken möglichst hoch strecken. Den Daumen zum Kleinfinger hin verschrauben. In dieser Drehung bleiben und mit den Händen auf und ab pulsieren.

Die Bewegung:
Der Torso bleibt von der Hüfte bis unter die Brustlinie lang und gedehnt. Erst ab Brusthöhe entsteht die extreme Runddehnung zur Seite. Von hier kommt auch der Puls. Korrekt ausgeführt, drückt diese Übung den Atem nicht ab und ist ganz schön anstrengend.
Falls es Ihnen schwerfällt, den Beckenboden links und rechts zu isolieren: Setzen Sie den Mittelfinger unter einen Sitzknochen und versuchen Sie, ihn aus dem Damm zur Körpermitte zu ziehen.

4
Taillenschlank

Was die Übung bewirkt:
Formt die Taille schlank. Dehnt die seitliche Bauch- und Brustmuskulatur und den Rücken, entspannt die Schultern, verbessert das Gleichgewicht.

So wird's gemacht:
Grundposition im Stehen. Linke Hand auf der Hüfte gut abstützen. Der angewinkelte Arm bildet ein offenes Dreieck zur Seite und ist parallel zum Körper. Den rechten Arm zum Himmel strecken. Beckenboden anspannen, auf der rechten Körperseite mehr als links. Scheitel und den rechten Arm noch mehr langziehen, während der Arm nach links zieht. Arm ausdrehen und zart pulsieren. Mit hochgezogenem Scheitel lang und gedehnt zurück in die Ausgangsposition, Seite wechseln.

5
HALSWIRBELSTRETCH

Was die Übung bewirkt:
Sie dehnt die Wirbelsäule intensiv vom Steißbein bis zum Scheitel. Sie formt den Nacken und beseitigt das Doppelkinn.

So wird's gemacht:
Auf den Boden setzen. Die Beine sind vor dem Körper angewinkelt, Fuß, Knie, Hüfte in einer Linie. Beckenboden anspannen. Sitzknochen und Steißbein im Boden verankern. Den Rücken lange und gerade bis in den Scheitel dehnen. Die Schultern bleiben entspannt hinten-unten-außen.
Die Arme vor dem Körper auf Schulterhöhe entspannt kreuzen. Den Nacken entspannen und langdenken. Den Scheitel noch mehr hochziehen. Hinter dem Ohr den Kopf ganz leicht nach vorne eindrehen. Der Beckenboden bleibt aktiviert. Vom Steißbein zum Scheitel verläuft eine Linie in einem sanften C-Bogen. Kinn behutsam nach links drehen, der Scheitelpunkt bleibt, wo er ist. Nur so weit mit dem Kinn, wie Sie die Zugspannung der Wirbelsäule problemlos aushalten. Dehnung halten, Kinn zur anderen Seite drehen. Auf jede Seite 3mal.

Die Bewegung:
Achtung: Die Achse Steißbein zu Scheitel verläuft in einem harmonischen Bogen. Das Kinn verschiebt sich nicht aus der Achse, es dreht sich auf der Kreislinie wie ein Drehrestaurant am Fernsehturm. Die Halswirbel werden nirgends geknickt.

6
Bauchübungen

Grundposition: Mit Hilfe der Ellbogen behutsam auf die Matte legen. Beine anwinkeln. Fuß, Knie, Hüften bilden eine Linie. Ganz leicht ins Hohlkreuz gehen, Beckenboden anspannen, den unteren Rücken mit dem Aktivieren des Beckenbodens »in die Unterlage fließen lassen«. 2mal.

7
Bauchweg mit Dreieck

Was die Übung bewirkt:
Trainiert die gesamte Bauchmuskulatur, dehnt Rücken und Nacken, formt den Hals. Verbessert das Körperbewußtsein.

So wird's gemacht:
Grundposition. Den linken Fuß auf das rechte Knie legen – das linke Bein bildet ein richtiges Dreieck. Beckenboden zusammenziehen. Die Hände hinter dem Kopf verschränken und in einem großen, ausholenden Bogen einrunden. Die Ellbogen zeigen dabei gerade zur Seite. Schambein zum Brustbein kontrahieren, Arme ausstrecken, Kontraktion halten und mit der Stirn in winzigen Bewegungen zum Schambein pulsieren. Kopf behutsam zurücklegen. Seite wechseln.

Die Bewegung:
Anfänger arbeiten gerne mit dem oberen Rücken. Lassen Sie alle Spannung los, indem Sie das Brustbein am oberen Ende einsinken lassen. Entspannen Sie bewußt den gedehnten Nacken, die Schultern, den Bauch. Jetzt pulsieren Sie mit der Stirn. Die Bewegung ist kaum sichtbar und beträgt nicht mehr als einen Zentimeter.

8
Knopfdehnung

Was die Übung bewirkt:
Dehnt die Hüften. Entspannt Rücken und Bauch.

So wird's gemacht:
Grundposition wie Bauchweg mit Dreieck (Übung 7). Das Knie des angewinkelten »Standbeins« zur Brust hochziehen, bis Sie in der anderen Hüfte eine intensive Dehnung spüren. Schultern, Arme, Nacken sind entspannt. Lösen. Seite wechseln.

Die Dehnung:
Sie können bestimmen, wie stark die Dehnung sein soll. Zur Steigerung ziehen Sie einfach die Beine näher zum Körper, bis Sie einen intensiven Zug über die ganze Hüfte des aufgelegten Beines spüren.

9

Bauchweg mit V-Beinen

Was die Übung bewirkt:
Formt den Hals. Kräftigt und strafft die gesamte Bauchmuskulatur. Stärkt den Beckenboden. Dehnt die Innenschenkel und die Kniesehnen.

So wird's gemacht:
Grundposition im Liegen einnehmen. Ein Knie ums andere zur Brust hochziehen. Beide Beine zur Decke strecken. Halten Sie den Fuß dabei möglichst flach. Beckenboden anspannen, bis Sie die natürliche Rotation im Oberschenkel spüren. Beine so weit als möglich in einem V öffnen. Kopf vom Scheitelpunkt einrollen. Mit den Händen die Oberschenkel fassen. Ellbogen zur Seite und zur Decke ziehen. Brustbein zum Schambein schieben und umgekehrt. Hände loslassen, über der Brust waagerecht verschränken oder ausstrecken. Mit der Stirn zum Nabel pulsieren.

Die Bewegung:
Wichtig ist, die Kontraktion im Bauch zu halten, ohne das Gesäß vom Boden zu heben. Die Impulsbewegung ist winzig und kommt nur aus dem Bauch, nicht aus dem Rücken.

Wenn's zu schwierig ist:
Verschränken Sie die Beine bequem in der Luft, statt sie zu grätschen.

10
HÄNGEBRÜCKE

Was die Übung bewirkt:
Dehnt den Rücken, wirkt ausgleichend bei Hohl- und Flachrücken, kräftigt den Beckenboden und trainiert die innersten Schichten der Hüft- und Gesäßmuskulatur. Beugt der Cellulite vor.

So wird's gemacht:
Grundposition im Liegen. Füße, Knie, Hüfte bilden eine gerade Linie. Wirbelsäule entspannt in die Unterlage fließen lassen. Beckenboden anspannen und aus dem Beckenboden das Schambein zum Nabel hochrollen. Spannung im Beckenboden halten und durch das langsame Hochrollen des Beckens Wirbel um Wirbel vom Boden heben. Der Bauch ist vollkommen entspannt.
Am höchsten Punkt – der kann am Anfang schon nach drei, vier Wirbeln erreicht sein und steigert sich sehr schnell – mit dem Beckenboden pulsieren: die Muskelplatte einfach noch mehr zusammenziehen.
Zurück in die Ausgangslage, indem Sie den Beckenboden noch mehr anspannen, Becken zum Nabel rollen, einen Wirbel um den anderen wieder zurücklegen. Die Wirbelsäule soll sich schwerelos wie eine Hängebrücke anfühlen.

11
Kleine Beinschere

Was die Übung bewirkt:
Trainiert die Hüft- und Gesäßmuskulatur, tonisiert die Beinmuskulatur. Beseitigt Reithosenpolster.

So wird's gemacht:
Auf die linke Seite legen, Oberkörper auf den Unterarm aufstützen und aus den Hüften langziehen. Beine vor dem Körper anwinkeln, rechten Winkel vom Oberkörper zum Oberschenkel, rechten Winkel zwischen Ober- und Unterschenkel. Obere Hüfte leicht nach vorne schieben, das dient dem Schutz des Rückens. Beckenboden anspannen. Aus dem Beckenboden, nur mit der Muskelkraft des Beckenbodens, das Bein leicht anheben, die Ferse hängt schwer zu Boden, und die Hüften stehen jetzt senkrecht übereinander. Jetzt wird das Bein aus dem Beckenboden verschraubt: Kontraktion halten und einfach noch tiefer kontrahieren. 30- bis 60mal so pulsieren.

Die Bewegung:
Ihr Körper muß sich an die klitzekleine 3-D-Bewegung sicher erst gewöhnen: Sie schlängelt sich aus dem Beckenboden durchs Bein in die Ferse und zurück. Machen Sie nur so viele Wiederholungen, wie sie der Beckenboden halten kann, denn ohne seinen Einsatz bringt die Übung nicht viel.

12
Grosse Beinschere

Was die Übung bewirkt:
Trainiert den Beckenboden, hebt, formt und strafft die gesamte Bein- und Gesäßmuskulatur.

So wird's gemacht:
Gleiche Ausgangsposition wie bei der kleinen Beinschere. Das oben liegende Bein im rechten Winkel vor dem Körper ausstrecken, Knie nicht durchdrücken, sondern entspannt lassen. Das untere Bein ist ausgestreckt oder angewinkelt. Hüfte nach vorne schieben. Aus dem Beckenboden das Bein leicht anheben, die Ferse schwer hängen lassen, das Knie ist vollkommen entspannt. Aus dem Beckenboden pulsieren. Der Impuls aus dem Beckenboden setzt sich durch die Beinmuskulatur bis in die Ferse fort.

Die Bewegung:
Sie ist winzig, wie bei der kleinen Beinschere. Der Beckenboden macht den ganzen Job. Das Bein folgt dem Impuls wie von Geisterhand geführt.

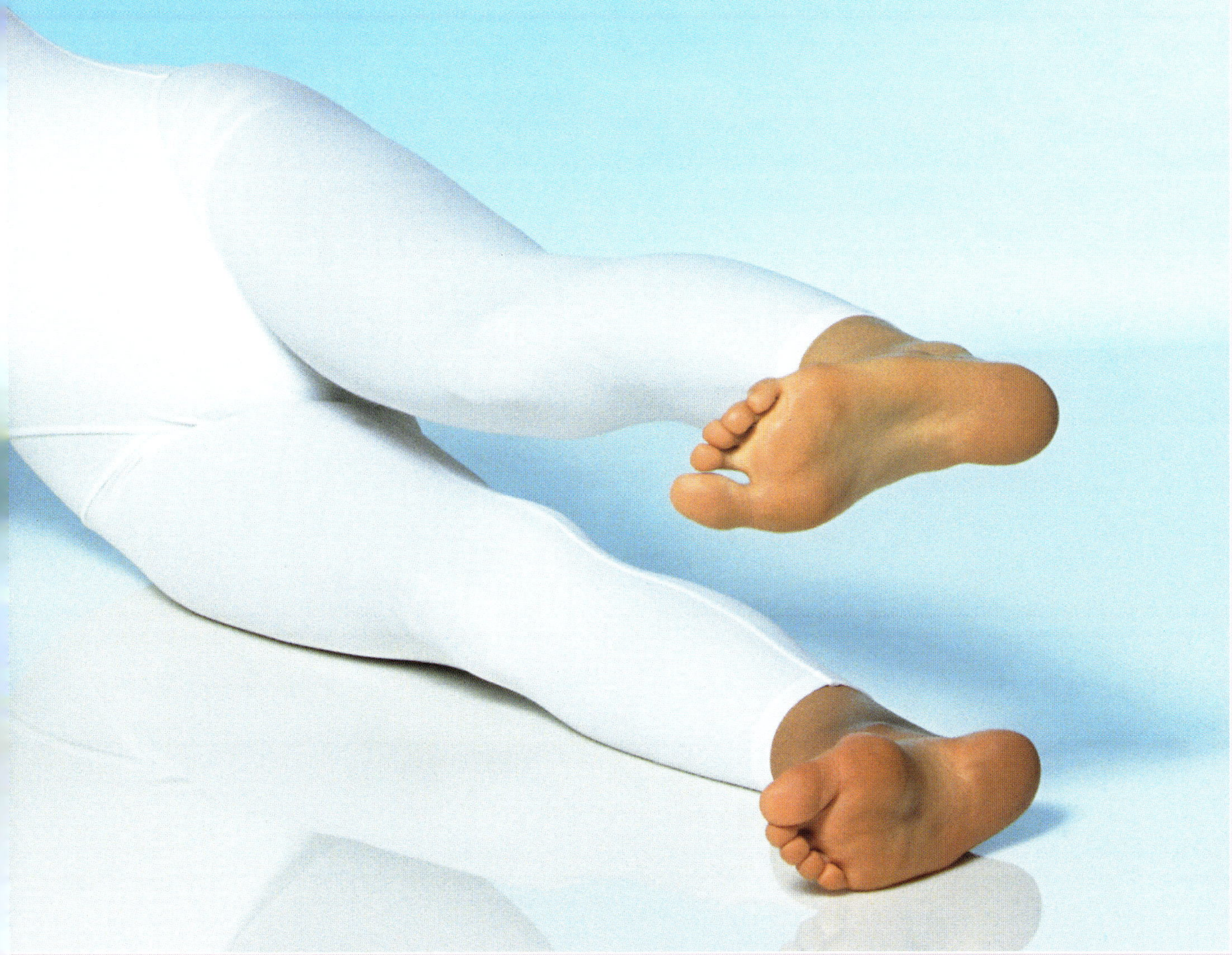

13
INNENSCHENKEL-SCHRAUBE

Was die Übung bewirkt:
Trainiert vor allem die Innenseite des Oberschenkels. Verbessert die Koordination des Beines.

So wird's gemacht:
Das untere Bein in der Längsrichtung des Körpers ausstrecken und durch die Ferse langziehen. Oberkörper aus der Hüfte ziehen und dehnen. Das

obere Bein ist bequem vor dem Körper angewinkelt.
Das ausgestreckte Bein noch einmal länger ziehen, und sei es am Anfang nur mental. Anheben und pulsieren.

Die Bewegung:
Die Ferse verschraubt sich leicht nach oben. Das irritiert manche am Anfang, hat aber schon seine Richtigkeit: Das Bein wird immer nach außen verschraubt, in der natürlichen Rotation des Hüftgelenkes.

Die Steigerung:
Das untere Bein im rechten Winkel zum Oberkörper abwinkeln, das andere angewinkelt aufstellen, der Fuß steht vor dem Knie des ausgestreckten Beines. Die Ferse des gestreckten Beines wegstoßen, bis sich das Bein lang anfühlt. Heben und aus dem Beckenboden verschrauben.

14
Grosse Grätsche

Was die Übung bewirkt:
Dehnt die Kniesehnen und die Hüftmuskulatur. Stabilisiert die Lendenwirbel, mobilisiert die Brustwirbel. Verlängert den Rücken und löst Verspannungen im oberen Rücken und in den Schultern.

So wird's gemacht:
Auf die Matte setzen. Beine grätschen. Sitzknochen im Boden verankern, Beckenboden leicht zusammenziehen. Mit den Händen nach vorne laufen, so weit das mit geraden Hüften geht. Dehnung einen Moment halten. Die Arme zur Decke strecken. Scheitel langziehen. Oberkörper zum linken Bein neigen. Den linken Unterarm entspannt vor das linke Knie legen.
Den rechten Arm sanft von Marionettenfäden langziehen lassen, dabei den Oberkörper nach links senken. Wenn die größtmögliche Dehnung erreicht ist, den Oberkörper ausdrehen, bis die Schultern senkrecht übereinander stehen. Dehnung halten.

Die Bewegung:
Sie soll aus den Hüften kommen. Achten Sie darauf, den oberen Rücken nicht rund zu machen. Vielleicht fällt Ihnen das Vorbeugen aus der Hüfte leichter, wenn Sie die Arme hinter dem Rücken am Boden abstützen oder verschränken, Handflächen ausdrehen und die Arme strecken.

15
ALLESDEHNER GEFALTET

Was die Übung bewirkt:
Dehnt die Kniesehne und den Rücken. Die Lendenwirbel werden stabilisiert, die Brustwirbel mobilisiert. Entspannt.

So wird's gemacht:
Grundposition im Stehen. Den linken Arm in einem sanften Schwung zum rechten Bein führen, der Oberkörper fließt mit. Das rechte Fußgelenk mit der linken Hand fassen, die rechte Hand legt sich entspannt ins Kreuz, Handfläche zeigt zur Decke. Scheitelpunkt langziehen, Beckenboden anspannen und das Kinn in einer sehr sanften, sehr geschmeidigen Bewegung leicht nach rechts drehen. Der Scheitel verschiebt sich dabei nicht, vom Steißbein zum Scheitel bleibt die Wirbelsäule auf einer Achse.
Behutsam den rechten Arm zum linken Fußgelenk, auf dieser Seite wiederholen. Oberkörper einmitten, tiefer in die Knie mit dem Gesäß, Beckenboden anspannen, Becken zum Nabel rollen und so Wirbel um Wirbel aufrichten.

Die Bewegung:
Die Knie sind nicht durchgedrückt. Suchen Sie den Punkt, der Ihnen eine schöne Dehnung der Kniesehne ohne Schmerz ermöglicht.

Achtung!
Menschen mit Bandscheibenschäden folgen bei dieser Übung der Bewegung des Rückens. Zwingen Sie ihm keine Rundung auf.

NewCallanetics®
Das Intensivprogramm

Beherrschen Sie das Kurzprogramm? Sind Sie bereit für eine Herausforderung? Das Intensivprogramm besteht aus 37 Übungen. Sie bearbeiten damit alle großen Muskelgruppen des Körpers. Lesen Sie die Anweisungen sorgfältig.

Nehmen Sie sich Zeit beim Positionieren. Bei NewCallanetics® macht die Grundposition ja den ganzen Erfolg aus, wie Sie bestimmt am eigenen Leib erfahren haben. Lieber nur 10 perfekte Wiederholungen als 70 ungenaue. Sie werden so schnell an Kraft gewinnen, Sie werden staunen. Eine Kraft übrigens, die Ihnen den Alltag erleichtert: einen Koffer tragen, die Flaschenkiste aufs Regal hieven, das Baby herumtragen, den Tennisschläger halten – alles wird Ihnen ein bißchen leichter fallen.
Und wenn Sie sich die Grundsätze immer öfter in Erinnerung rufen, wird Ihr Alltag zu einem tollen Übungsplatz:

- *Beckenboden aktivieren*
- *Beckenstand aufrichten*
- *Wirbelsäule aufrichten*
- *Knie entspannen*
- *Füße zwischen Großzehenballen und Außenferse ausrichten*
- *Schultern nach hinten-unten-außen entspannen.*

Grund-position im Stehen

Füße hüftweit auseinander, Beckenboden anspannen, Fuß am Boden verankern. Gleichgewicht auf Großzehenballen und Außenseite Ferse verteilen. Scheitel verlängern, als wäre er am Himmel an einem goldenen Haken aufgehängt. Den oberen Rücken entspannen. Knie nicht durchdrücken, sondern ebenfalls entspannen.

1
Aufwärmen

Was diese Übung bewirkt:
Sanftes Aufwärmen der Muskulatur. Geschmeidigmachen der Gelenke. Allgemeine Entspannung.

So wird's gemacht:
Arme vor dem Körper verschränken. Arme zur Seite hin öffnen, in einem großen, entspannten Schwung zur Decke heben und die Wirbelsäule dabei dehnen. Arme wieder rund fallen lassen, wiederholen. Beim Auf einatmen, beim Ab ausatmen. Etwa 8mal. Dann mit dem Oberkörper unten bleiben, die Arme im Halbkreis zur Seite schwingen, mit den Knien tief und hoch, damit die Blutzirkulation tüchtig in Schwung kommt.

Die Bewegung:
Schwungvoll, rund und entspannt. Je etwa 8 ganze und 8 halbe Kreise.

2

Schultern formen

Was diese Übung bewirkt:
Verspannungen in den Schultern und im oberen Rücken werden gelöst. Die gesamte Armmuskulatur wird tonisiert und gekräftigt. Muskeln und Sehnen werden elastisch.

So wird's gemacht:
Grundposition im Stehen einnehmen. Winkeln Sie die Arme auf Schulterhöhe an und dehnen Sie den Oberkörper zur Decke. Die Schultern bewußt entspannen und nach hinten-unten-außen fallen lassen. Arme nach vorne eindrehen, bis die Handinnenflächen zur Decke zeigen. Nun den Unterarm federleicht aus dem weichen Ellbogen fallen lassen. Mit den Händen zur Decke pulsieren, als wollten Sie die Luft schwer nach oben wegschieben.

Die Bewegung:
Die Hände sind wie offene Schalen. Der Tonus kommt aus dem Rücken (auf Brusthöhe) und läuft durch die ganzen Arme. Entsprechend klein und intensiv ist die Bewegung. Bis 60mal pulsieren.

3
Armformer 1

<u>Was diese Übung bewirkt:</u>
Optimiert den Schulterstand, kräftigt die Arme, ohne Muskelpakete aufzubauen. Löst Verspannungen im oberen Rücken. Verbessert das Körperbewußtsein.

<u>So wird's gemacht:</u>
Grundposition im Stehen. Arme auf Schulterhöhe vor dem Körper anwinkeln. Schultern bewußt zurück nach hinten-unten-außen setzen. Handgelenk nach außen drehen, vom Körper weg, Unterarm bleibt am Ort. Drehen, bis ein Muskeltonus spürbar wird. Mit winziger Schraubbewegung in diese Kontraktion pulsieren, als ob der kleine Finger den Daumen einholen möchte.

<u>Die Bewegung:</u>
Je mehr und je sorgfältiger Sie die Schultern nach hinten-unten-außen setzen und dort halten, desto mehr Tonus spüren Sie in den Schultern, im Brustbereich und in den Armen. Wiederholen Sie die winzige Drehbewegung bis 60mal.

4
Armformer 2

Was diese Übung bewirkt:
Optimiert den Schulterstand, kräftigt die Arme, ohne Muskelpakete aufzubauen. Löst Verspannungen im oberen Rücken. Verbessert das Körperbewußtsein.

So wird's gemacht:
Grundposition im Stehen. Arme seitlich auf Schulterhöhe anwinkeln, im 180°-Winkel, die Hand steht senkrecht in der Luft. Schultern bewußt nach hinten-unten-außen entspannen. Arme verschrauben, als wollte der Kleinfinger den Daumen einholen, und zwar so stark, bis sich ein Tonus in den Schultern und in der Armmuskulatur einstellt. Pulsieren.

Die Bewegung:
Mit zunehmender Routine können Sie direkt aus dem Armformer 1 in den Armformer 2 übergehen. Denken Sie daran, die Schultern möglichst nach hinten-unten-außen zu setzen.

Die Bewegung:
Sie erreichen den intensivsten Tonus im Arm, wenn Sie die Schultern nach hinten-unten-außen entspannen, bis sich zwischen Arm und Kopf ein Fenster bildet. Behutsam pulsieren, mit 20 Wiederholungen anfangen, auf maximal 60 steigern.

5
Kraft für die Arme

Was diese Übung bewirkt:
Strafft die Innenarme (Trizeps), löst Verspannungen in den Schultergelenken. Macht die Handgelenke geschmeidig. Verbessert die Koordination. Mobilisiert das Armgelenk.

So wird's gemacht:
Einen Arm in der Taille locker aufstützen. Den anderen Arm zuerst schwer runterfallen lassen, damit sich die Armkugel vom Schulterdach löst. Jetzt den Arm ganz locker über den Kopf heben. Anwinkeln. Unterarm hinter den Kopf fallen lassen. Hand ausdrehen, bis sich ein Tonus einstellt, wieder mit der Vorstellung, der Daumen wolle den Kleinfinger einholen. Die Handinnenfläche zeigt zur Decke und pulsiert nach oben, als schöbe sie eine schwere Luftdecke weg. Seite wechseln.

6
Armdehner 1

Was die Übung bewirkt:
Dehnt die Arme, entspannt die Schultern, verbessert das Körperbewußtsein im Schulterbereich.

So wird's gemacht:
Grundposition im Stehen. Hände über dem Kopf verschränken. Handflächen zur Decke, als bildeten sie ein Dach. Arme gestreckt halten, während die Schultern nach hinten-unten-außen gesetzt werden. Dann die Dehnung auf 7 halten, auf 20 steigern.

Die Bewegung:
Diese Art der aktiven Dehnung ist am Anfang ungewohnt. Die Spannung beginnt zwischen den Schulterblättern, dehnt sich über die Schultern aus und verleiht den Armen Tonus. Die Arme sind zwar ganz gestreckt, die Ellbogen aber nicht durchgedrückt.

7
Armdehner 2

Was die Übung bewirkt:
Dehnt die Arme, entspannt die Schultern, verbessert das Körperbewußtsein im Schulterbereich, tonisiert die Brustmuskulatur.

So wird's gemacht:
Arme auf Schulterhöhe gerade nach vorn ausstrecken, Hände ineinander verschränken, ausdrehen. Schultern nach hinten-unten-außen setzen. Dehnen. Holen Sie den Impuls dazu aus dem oberen Rücken (Trapezius).

8
Busenformer

Was die Übung bewirkt:
Trainiert die Aufhängemuskulatur der Brust und – isometrisch – die Armmuskeln. Löst Verspannungen in den Schultern und im oberen Rücken, kräftigt den unteren Rücken.

So wird's gemacht:
Grundposition am Boden sitzend. Der Beckenboden ist aktiviert, die Wirbelsäule gedehnt. Linken Arm auf Schulterhöhe vor dem Körper anwinkeln, den rechten seitlich eng anwinkeln. Die Schultern bewußt nach hinten-unten-außen setzen. Das rechte Handgelenk drückt von innen gegen das linke, das linke drückt dagegen. Druck und Gegendruck auf 50 halten.

Die Bewegung:
Auch bei dieser Übung kommt der Impuls aus dem oberen Rücken. Je flacher Sie die Schulterblätter hinten-unten-außen anlegen können, desto stärker spüren Sie den aktiven Tonus im ganzen Brustraum. Erst, wenn Sie diese Grundspannung gefunden haben, wirkt die Dehnung auf die Brustmuskulatur.

9

Halswirbel-stretch

Was die Übung bewirkt:
Sie dehnt die Wirbelsäule intensiv vom Steißbein bis zum Scheitel. Sie formt den Nacken und beseitigt das Doppelkinn. Kräftigt die Stützmuskulatur am Rücken.

So wird's gemacht:
Grundposition am Boden sitzend. Den Rücken lang und gerade bis in den Scheitel dehnen. Die Schultern bleiben entspannt hinten, unten, außen. Die Arme vor dem Körper entspannt kreuzen. Den Nacken entspannen und langdenken. Den Scheitel noch mehr hochziehen. Hinter dem Ohr den Kopf ganz leicht nach vorne eindrehen. Der Beckenboden bleibt aktiviert. Vom Steißbein zum Scheitel verläuft eine Linie in einem sanften C-Bogen. Kinn behutsam nach links drehen, der Scheitelpunkt bleibt, wo er ist. Nur so weit mit dem Kinn, wie Sie die Aufspannung der Wirbelsäule problemlos aushalten. Dehnung halten, Kinn zur anderen Seite drehen. Auf jede Seite 3mal.

Die Bewegung:
Achtung: Die Achse Steißbein zu Scheitel verläuft in einem harmonischen Bogen. Das Kinn verschiebt sich nicht aus der Achse, es dreht sich auf der Kreislinie wie ein Drehrestaurant am Fernsehturm. Die Halswirbel werden nirgends geknickt.

Bauchübungen

Grundposition: mit Hilfe der Ellbogen behutsam auf die Matte legen. Beine angewinkelt. Eine Linie von Fuß, Knie, Hüften. Ganz leicht ins Hohlkreuz, Beckenboden anspannen, den unteren Rücken mit dem Aktivieren des Beckenboden in die Unterlage fließen lassen. 3mal wiederholen.

10
Weiche Bauchwelle

Was die Übung bewirkt:
Bearbeitet die gesamte Bauchmuskulatur. Löst Spannungen im oberen Rückenbereich. Dehnt den Rücken. Trainiert den Beckenboden sehr intensiv.

So wird's gemacht:
Grundposition am Boden sitzend. Mit den Händen die Knie umfassen. Ellbogen zeigen zur Seite. Schultern entspannen. Beckenboden sehr stark zusammenziehen. Gewicht hinter die Sitzknochen verlagern. Becken zum Nabel rollen und so Wirbel um Wirbel auf den Boden legen. Die Schultern möglichst entspannt halten, sie arbeiten nicht mit. Der Bauch macht's – und bleibt doch entspannt dabei.

Die Bewegung:
Korrekt ausgeführt, ist diese Übung anstrengend und kann mehrere Minuten in Anspruch nehmen. Seien Sie streng mit sich selbst, es lohnt sich: Holen Sie die Bewegung nur aus dem Beckenboden und dem unteren Bauch. Halten Sie die Beckenbodenkontraktion während der ganzen Übung. Ihr Rücken wird es Ihnen danken.

11
Bauchweg mit V-Beinen

<u>Was die Übung bewirkt:</u>
Formt den Hals. Kräftigt und strafft die gesamte Bauchmuskulatur. Stärkt den Beckenboden. Dehnt die Innenschenkel und die Kniesehnen.

<u>So wird's gemacht:</u>
Grundposition im Liegen einnehmen. Beide Knie abwechselnd zur Brust hochziehen. Beide Beine zur Decke strecken. Halten Sie den Fuß dabei möglichst flach. Beckenboden anspannen, bis Sie die natürliche Rotation im Oberschenkel spüren. Beine so weit als möglich in einem V öffnen und entspannen – nur der Beckenboden hält sie in Position. Kopf vom Scheitelpunkt einrollen. Mit den

Händen die Oberschenkel fassen. Ellbogen zur Seite und zur Decke ziehen. Brustbein zum Schambein schieben und umgekehrt. Hände loslassen, die Arme zwischen den Beinen durchstrecken und mit der Stirn zum Nabel pulsieren.

Die Bewegung:
Wichtig ist, die Kontraktion im Bauch zu halten, ohne das Gesäß vom Boden zu heben. Die Impulsbewegung ist winzig und kommt nur aus dem Bauch, nicht aus dem Rücken.

12
Bauchweg Doppelschraube

<u>Was die Übung bewirkt:</u>
Trainiert alle Bauchmuskeln, auch die schrägen. Dehnt und formt den Hals, beugt dem Doppelkinn vor. Verbessert die Koordination.

<u>So wird's gemacht:</u>
Grundposition. Ein Knie zur Brust ziehen, das andere Knie zur Brust ziehen, beide Beine zur Decke strecken. Schultern vollkommen entspannen, Rücken sanft in den Boden fließen lassen. Wirbelsäule zwischen Beckenboden und Scheitel dehnen, Scheitel langziehen. Beckenboden anspannen, so daß Sie die Außenrotation der Beine spüren. Kopf in großem, gedehntem Bogen einrunden. Einatmen, beim Ausatmen den oberen Ansatz des Brustbeins einsinken lassen. Mit den Händen die Oberschenkel fassen. Ellbogen zur Seite und zur Decke ziehen. Hände loslassen, Arme zur linken Seite ausstrecken, Schultern bleiben dabei parallel. Das Kinn zart nach rechts drehen, die Achse Scheitel-Steißbein wird nicht verändert. Mit der Stirn ganz sanft Richtung Schambein pulsieren.

<u>Die Bewegung:</u>
Schultern und Rücken bewegen sich nicht. Die ganze Arbeit wird vom Bauch gemacht. Bis zu 60mal pulsieren. Zum Abschluß Kopf behutsam Wirbel um Wirbel zu Boden senken, Knie mit dem Händen an die Brust ziehen, um den Rücken zu entspannen. Auf die andere Seite wiederholen.

13

Bauchweg rückenschonend

Was die Übung bewirkt:
Trainiert die Bauchmuskulatur, dehnt den Nacken, löst Verspannungen im Schulterbereich und im unteren Rücken.

So wird's gemacht:
Grundposition im Liegen. Beine bequem in der Luft kreuzen, Knie über dem Bauch liegend. Hände hinter dem Kopf verschränken, Kopf vollkommen in die Handschale fallen lassen. Den Kopf vom Scheitelpunkt in großem Bogen einrunden. Ellbogen bilden ein offenes Dreieck zur Seite. Mit nach vorne ziehen. Wenn's geht, Brustbein zum Schambein und umgekehrt kontrahieren, Kontraktion halten. Beckenboden ist angespannt. Am höchsten Punkt mit der Stirn zum Nabel pulsieren.

Die Bewegung:
Diese Übung eignet sich hervorragend, um zu lernen, den Beckenboden zusammenzuziehen, ohne das Gesäß vom Boden zu heben.

14
Bauchweg extrem

Was die Übung bewirkt:
Trainiert den Beckenboden, stärkt den Rücken und kräftigt die gesamte Bauch- und Halsmuskulatur. Macht Brustkorb und Rippen geschmeidig.

So wird's gemacht:
Grundposition. Beine auf Kniehöhe in der Luft anwinkeln, Kopf einrunden, Beine fassen, Ellbogen zur Seite und zur Decke. Arme parallel zum Boden oder verschränkt. Schambein zum Brustbein, Brust-

bein zum Schambein kontrahieren, Kontraktion halten. Beckenboden zusammenziehen, beide Füße nach vorne schieben, als drückten sie gegen einen Widerstand, eine Wand. Nur so weit, wie es der aktivierte Beckenboden zuläßt, also etwa 10, 15 Zentimeter. Etwa 15mal wiederholen, langsam steigern. Zum Entspannen Knie mit den Händen an die Brust ziehen, bis sich der untere Rücken leicht vom Boden hebt.

Die Bewegung:
Wenn Sie einen Rundrücken haben, können Sie die Übung mit dem Kopf am Boden ausüben. Bei Rückenproblemen legen Sie die Hände unter das Gesäß. Der Bauch macht die ganze Arbeit. Überfordern Sie sich anfangs nicht. Es ist völlig normal, wenn Sie beim ersten Mal nur drei oder fünf Pulse schaffen. Sobald der Beckenboden nicht mehr mitmacht: aufhören und entspannen.

15
Bauch wegschieben

<u>Was die Übung bewirkt:</u>
Trainiert den Beckenboden, stärkt den Rücken und kräftigt die gesamte Bauch- und Halsmuskulatur.

<u>So wird's gemacht:</u>
Grundposition. Beine auf Kniehöhe in der Luft anwinkeln, Kopf einrunden, Beine fassen, Ellbogen zur Seite und zur Decke. Arme parallel zum Boden, Schambein zum Brustbein, Brustbein zum Scham-

bein. Das ergibt eine Kontraktion der Bauchmuskulatur, entspannt gleichzeitig die Rückenmuskulatur. Diese Kontraktion halten. Abwechselnd links und rechts mit den Beinen gerade Schiebbewegungen nach vorne ausführen, aber nur so weit, wie es mit angezogenem Beckenboden geht, etwa 10 Zentimeter, mehr nicht. Schultern und Rücken bewegen sich nicht. Die ganze Arbeit wird vom Bauch gemacht.

Die Bewegung:
Je kräftiger Ihr Beckenboden wird, desto effektiver wird diese Übung. Es sollte sich anfühlen, als zöge ein Elastband am Sitzknochen das Bein zurück, sobald Sie es nach vorne gegen den eingebildeten Widerstand stoßen.

16
BEINSENKE

Was die Übung bewirkt:
Sie trainiert die Bauchmuskulatur und all jene Muskeln, die für die Beweglichkeit der Hüften und Oberschenkel verantwortlich sind.

So wird's gemacht:
Grundposition im Liegen. Ein Knie ums andere zur Brust ziehen, die Beine zur Decke strecken. Beckenboden aktivieren. Zum Schutz des Rückens die Hände unter das Gesäß legen. Tief einatmen, beim Ausatmen das Brustbein einsinken lassen. Schultern entspannen. Beckenboden noch mehr aktivieren und die gestreckten, leicht ausgedrehten Beine sehr, sehr langsam senken, so weit es geht.

Die Bewegung:
Senken Sie die Beine nur so weit, wie es mit dem Rücken am Boden geht. Sobald er sich hebt, haben Sie Ihre momentane Leistungsgrenze erreicht. Zurück in die Ausgangslage. Fangen Sie mit drei Senken an, steigern Sie sich allmählich – es kann Monate dauern – auf zehn Wiederholungen.

17
Hängebrücke Turbo

<u>Was die Übung bewirkt:</u>
Kräftigt den Beckenboden extrem. Dehnt den Rücken, macht die Wirbelsäule geschmeidig. Löst Verspannungen. Formt das Gesäß, strafft die Oberschenkel und verbessert die Cellulite.

<u>So wird's gemacht:</u>
Grundposition in Rückenlage. Füße im Zehenstand. Wenn nötig, die Füße unter das Gesäß ziehen. Entspannen. Wirbelsäule entspannt in die Unterlage fließen lassen. Beckenboden anspannen und aus dem Beckenboden das Schambein zum Nabel hochrollen.
Mit dieser kontinuierlichen Bewegung einen Wirbel um den anderen vom Boden heben, behutsam und langsam, nur mit diesem zarten Einrollen nach vorn. Der Bauch ist entspannt. Am höchsten Punkt mit dem Beckenboden pulsieren: die Muskelplatte einfach noch mehr zusammenziehen und noch mehr. Bis zu 70mal wiederholen. Die Knie bleiben locker und entspannt.

Die Bewegung:
Der höchste Punkt kann am Anfang schon nach drei, vier Wirbeln erreicht sein und steigert sich sehr schnell. Achten Sie darauf, daß Sie nicht einfach das Gesäß heben, um im Hohlkreuz eine Brücke zu machen. Je sorgfältiger Sie arbeiten, desto mehr tut diese Übung für Sie. Sie ist eine der wunderbarsten Übungen für den Rücken.

Abschluß:
Beckenboden noch mehr anspannen, Becken zum Nabel rollen, einen Wirbel um den anderen wieder zurücklegen. Die Wirbelsäule soll sich schwerelos wie eine Hängebrücke anfühlen.

18

Bauchweg im Sitzen

Was die Übung bewirkt:
Sie trainiert die Bauchmuskulatur, dehnt den unteren Rücken, löst Verspannungen im Schulterbereich, kräftigt den Oberschenkelanzieher und die Oberschenkel.

So wird's gemacht:
Setzen Sie sich mit dem Rücken an einen Sessel, eine Sprossenwand oder eine festmontierte Stange. Beine anwinkeln, Füße gut am Boden verankern. Beckenboden aktivieren. Schwerpunkt von den Sitzknochen nach hinten verlagern. Scheitelpunkt langziehen. Den Rücken dehnen. Von vorne die Stange fassen. Kopf hinterm Ohr sanft einrunden, dabei dehnt sich der Nacken. Diese Spannung der Wirbelsäule halten. Füße heben, so weit es geht, und in einer extrem langsamen Bewegung die Beine auf der ganzen Länge öffnen und schließen.

Die Bewegung:
Die Anstrengung kommt aus dem unteren Bauch. Die Beine müssen natürlich auch mitarbeiten. Den Rest des Körpers sollten Sie aktiv entspannen: die Dehnung in der Wirbelsäule halten, die Schultern fallen lassen. Beginnen Sie mit fünf Wiederholungen, arbeiten Sie sich mit der Zeit zu 20 hoch.

Grundposition an der Stange

Breitbeinig auf Armdistanz vor der Stange stehen. Füße nicht nach außen drehen, sondern im individuellen, natürlichen Winkel lassen. Das Knie steht exakt über dem Mittelfuß. Den Rücken vollkommen entspannt zu Boden fließen lassen, den Scheitel in den Himmel ziehen.

Wenn Ihnen keine Stange zur Verfügung steht: Es gibt im Sportgeschäft Türrecks zu kaufen, die Sie einfach und sicher in einem stabilen Türrahmen befestigen können. Festmontierte Treppen- oder Balkongeländer eignen sich gut. Ein schwerer Sessel oder ein Sofa, zur Sicherheit gegen eine Wand gestellt, funktioniert auch, bietet allerdings nicht den gleichen stabilen Halt. Wenn Sie einen Fitneßraum oder eine Fitneßecke zur Verfügung haben, können Sie vom Schreiner für relativ wenig Geld ein Stück Spiegelwand und eine Stange montieren lassen – eine Investition für Ihr Wohlbefinden, die sich lohnt.

19

Pliés im Breitformat

Was die Übung bewirkt:
Kräftigt und formt die Oberschenkelmuskulatur, ohne Muskelpakete aufzubauen. Durch die gleichzeitige Dehnung und den Einsatz des Beckenbodens »erinnert« sich die Muskulatur an ihren natürlichen, formschönen Verlauf.

So wird's gemacht:
Grundposition an der Stange. Breitbeinig und auf Armdistanz vor der Stange stehen. Beckenboden anspannen, Oberschenkel so weit es geht öffnen.

Knie müssen genau über dem Mittelfuß stehen. Den Rücken vollkommen entspannt zu Boden fließen lassen, den Scheitel zum Himmel ziehen. Beckenboden noch mehr anspannen, aus dem Beckenboden Pliés machen: In Zeitlupe das Gesäß senken, nicht unter das Knie, wieder etwa 25 Zentimeter heben, senken, heben. Der Beckenboden leistet die ganze harte Arbeit.

Die Bewegung:
Ist der Beckenboden einmal kräftig genug, fühlt es sich an, als schiebe eine unsichtbare Kraft den Oberkörper hoch und ziehe ihn wieder runter. Mit der Zeit auf 20 bis 35 Wiederholungen steigern. Sobald der Beckenboden nicht mehr mag, aufhören und die Beine entspannen, indem Sie den Oberkörper zur Seite neigen, bis ein Bein gestreckt ist, dann zur anderen Seite wiederholen.

20

BECKENWELLE IM BREITFORMAT

Was die Übung bewirkt:
Trainiert die Oberschenkelmuskulatur, die Innenschenkel, dehnt den Rücken, kräftigt den Beckenraum.

So wird's gemacht:
Grundposition an der Stange. Rücken entspannt und gerade. Beckenboden anspannen, richtig in den Körper hineinziehen, Becken zum Nabel rollen, der obere Rücken und die Schultern sind vollkommen entspannt. Am höchsten Punkt mit dem Schambein zart zum Nabel pulsieren, 20- bis 40mal. Die Bewegung ist fast nicht zu sehen – aber um so mehr zu spüren.

Die Bewegung:
Sie ist klitzeklein. Je mehr Sie den Scheitelpunkt in den Himmel wachsen lassen, desto intensiver ist die Dehnung im unteren Rücken und an den Innenschenkeln. Entspannen wie bei den Pliés.

Die Steigerung:
Sobald Sie sich nicht mehr an der Stange festhalten müssen und das Gleichgewicht stabil ist, können Sie die Übungen im Zehenstand ausführen.

21
KNIESEHNEN-DEHNUNG AN DER STANGE

<u>Was die Übung bewirkt:</u>
Dehnt die Kniesehne, die Hüfte des aufgelegten Beines, macht die Hüftgelenke geschmeidig, dehnt die Wirbelsäule und verschönt den Hals. Kräftigt die Rückenmuskulatur.

<u>So wird's gemacht:</u>
Eine Ferse auf die Stange legen und verankern. Beckenboden anspannen. Standbein ausrichten – Großzehengelenk und Außenseite der Ferse in gutem Bodenkontakt und gerade nach vorn, Energie in die Ferse fließen lassen. Oberkörper dehnen, Hüften parallel halten. Scheitel langziehen, der Nacken bleibt entspannt. Den Sitzknochen des aufgelegten Beines nach hinten verlängern, entweder mental oder mit dem Mittelfinger daran ziehen. Mit den Händen auf dem Bein nach vorne wandern, Dehnung im Rücken halten. Kinn behutsam zum aufgelegten Bein drehen, die Achse Steißbein zu Scheitel wird dabei nicht verändert. Dehnung auf 30 halten. Kinn wieder zur Mitte, mit den Händen zurückwandern, Knie auslassen! Seite wechseln.

<u>Die Bewegung:</u>
Sie kommt aus der Hüfte. Je gerader Sie den Rücken halten können, desto intensiver wirkt die Dehnung.

22
Wadendehnung an der Stange

Was die Übung bewirkt:
Dehnt die Waden, stärkt den Rücken, verbessert die Haltung.

So wird's gemacht:
Auf Armdistanz vor der Stange stehen, Füße hüftweit auseinander. Unterarme locker auf der Stange abstützen. Das rechte Bein so weit wie möglich nach hinten strecken, die Ferse muß am Boden haften. Das linke Bein vor dem Körper ohne Gewicht aufstützen. Beckenboden anspannen, Scheitel aus dem Steißbein ziehen, Becken leicht zum Nabel rollen, Scheitelpunkt noch mehr nach oben ziehen. Superdehnung in der Wade halten. Lösen. Seitenwechsel.

Die Bewegung:
Die Übung an sich ist nicht neu, Sie kennen Sie wahrscheinlich vom Sport. Neu ist die Ausrichtung des ganzen Körpers: von der Ferse zum Scheitel eine Gerade in aktiver Entspannung halten.

23
Oberschenkel-dehnung an der Stange

Was die Übung bewirkt:
Dehnt die Oberschenkel, den Rücken, verbessert Haltung und Koordination.

So wird's gemacht:
Auf Armdistanz vor der Stange stehen. Eine Hand an der Stange. Linken Fuß verankern, Großzehe, Außenkante Ferse, Bein aus der Leiste langziehen. Rechten Fuß in die rechte Hand, Beckenboden anziehen, Becken leicht zum Nabel rollen, dabei kommt der rechte Oberschenkel auf eine Linie mit dem linken. Fuß in die Hand drücken, bis im rechten Oberschenkel eine kräftige Dehnung zieht. Halten auf 40. Seite wechseln.

Die Bewegung:
Wenn Sie den ganzen Körper von Scheitel bis Sohle dehnen und das Becken aufrichten, so stehen Ihre Oberschenkel absolut parallel und auf gleicher Höhe. So ist die Dehnung aktiv und intensiv.

24

Rückendehnung an der Stange

Was die Übung bewirkt:
Dehnt den Rücken vom Steißbein bis zum Scheitel. Verbessert das Körperbewußtsein.

So wird's gemacht:
In Armdistanz vor der Stange stehen, Füße hüftweit auseinander und gut im Boden verankern. Beckenboden aktivieren. Gesäß gerade nach hinten dehnen, dabei in die Knie gehen. Rücken nach hinten entspannen und ganz lang werden lassen. Der Scheitel zieht entspannt in die Gegenrichtung, der Nacken ist entspannt und faltenfrei.

Die Bewegung:
Wenn der Rücken zu seiner vollen Länge gedehnt ist, schieben Sie die rechte Hüfte gerade nach hinten, bis das Bein fast gestreckt ist. Auf 20 halten, entspannen und auf der linken Seite wiederholen.

25
Beinlang-Dehnung

<ins>Was die Übung bewirkt:</ins>
Vermittelt ein Gefühl für mehr Länge im Bein. Dehnt den unteren Rücken und die Hüftpartie. Dehnt die Kniesehnen. Verbessert die Körperwahrnehmung.

So wird's gemacht:
Auf einen glatten Boden setzen. Beine locker anwinkeln. Mit der linken Hand den rechten Außenfuß fassen, Fuß bleibt dabei gerade ausgerichtet, nicht abknicken. Nun ziehen Sie den rechten Sitzknochen nach hinten und schieben gleichzeitig den rechten Fuß nach vorn, so Sie es mit bolzengeradem Rücken schaffen. Seite wechseln.

Die Bewegung:
Stellen Sie sich vor, Sie könnten das Bein beliebig aus der Leiste verlängern, schieben Sie den Fuß einen Zentimeter weiter, als es geht.

26
Beckenkreisen

Was die Übung bewirkt:
Macht die Hüften und das Becken geschmeidig, verlängert und dehnt den unteren Rücken, stabilisiert die Lendenwirbel, kräftigt den Beckenboden. Macht die Art, wie Sie gehen, koordiniert und ökonomisiert Ihren Gang.

So wird's gemacht:
Auf die gefaltete Matte knien, die Beine weit gespreizt. Füße flach am Boden oder im Zehenstand, Fersen zusammen. Arme über dem Kopf falten, ausdrehen, dehnen, Schultern nach hinten-unten-außen setzen. Beckenboden anspannen, Gesäß ganz leicht von den Fersen heben. Mit den Hüften einseitige Kreise nach hinten zeichnen. Der Rücken verlängert sich rechts nach hinten-unten, während sich gleichzeitig links das Becken nach vorn und hochschiebt.

Linke Hüfte nach hinten-unten verlängern, rechtes Becken rund nach vorne hochziehen. Klingt komplizierter, als es ist. Bewegen Sie die Hüften einfach wie zwei unabhängige Räder abwechselnd rückwärts. Die Knie sind stabil.

<u>Die Bewegung:</u>
Der Beckenboden wird bei dieser Übung abwechselnd links/rechts aktiv. Die Bewegung ist klein und selbst für den durchtrainierten Beckenboden eine Herausforderung. 10mal, langsam steigern. Falls Sie an Skoliose oder Hüftschiefstand leiden, ist diese Übung für Sie besonders wichtig und von wunderbarer Wirkung. Sie können Ihrer Wirbelsäule ungeahnte Flexibilität und Stabilität antrainieren.

<u>Variante:</u>
Wenn es Ihnen schwerfällt, die Arme gestreckt über dem Kopf zu halten, können Sie die Hände bequem in den Hüften aufstützen und beim Kreiseformen leicht nachhelfen.

27
Langbeinschraube gestreckt

Was die Übung bewirkt:
Trainiert Beckenboden, Oberschenkel, den Ansatz des Gesäßes, die Abduktoren, öffnet die Hüften, dehnt die Taille, verbessert die Haltung.

So wird's gemacht:
Auf der Seite liegen. Das untere Bein vor dem Körper anwinkeln, oberes Bein ausstrecken. Taille dehnen. Oberkörper langziehen und eindrehen, bis die Schultern parallel zum Boden stehen. Hüfte und Bein in die Gegenrichtung dehnen. Wenn die maximale Dehnung erreicht ist, Beckenboden aktivieren, Becken zum Nabel rollen, das locker ausgestreckte Bein eine Spur heben. Durch Zusammenziehen des Beckenbodens den verschraubenden Impuls auslösen, der sich durch das ganze Bein in die Ferse fortsetzt und zum Beckenboden zurückfließt. 20mal, später auf 50 steigern.

Die Bewegung:
Wer an gymnastische Bewegungen gewöhnt ist, muß sich umgewöhnen, in NewCallanetics® bringt die winzige Bewegung den Mehrwert. Lassen Sie den Beckenboden für den Bewegungsimpuls nicht »schnalzen«, sondern steigern Sie die Anspannung einfach.

28

LANGBEINSCHRAUBE ANGEWINKELT

Was die Übung bewirkt:
Hebt das Gesäß, beseitigt Cellulite. Trainiert den Beckenboden, die Oberschenkel, die Abduktoren, öffnet die Hüften, dehnt die Taille, verbessert die Haltung.

So wird's gemacht:
Grundposition wie bei Übung 27. Bein leicht anheben. Ferse zum Körper ziehen, als würde sie von einem Marionettenfaden gezogen, Ferse schwer zur Körpermitte fallen lassen, verschrauben, etwa 50mal. Seite wechseln.

Die Bewegung:
Sie schlängelt sich durchs Bein. Sie sollten tief in der Gesäßfalte enorme Muskelkräfte spüren. Kontrollieren Sie mit der einen Hand die großen Gesäßmuskeln. Sie dürfen nicht angespannt sein. Nur die tiefen Muskelschichten arbeiten.

29

Beinschere angewinkelt hoch

Was die Übung bewirkt:
Trainiert die tiefliegenden Schichten der Hüft- und Gesäßmuskulatur. Durch den aktivierten Beckenboden werden Rücken-, Bauch- und Oberschenkelmuskulatur gedehnt.

So wird's gemacht:
Auf die linke Seite legen, Oberkörper leicht auf den Unterarm stützen und aus den Hüften ziehen. Beine vor dem Körper anwinkeln, rechten Winkel vom Oberkörper zum Oberschenkel, rechten Winkel zwischen Ober- und Unterschenkel. Obere Hüfte zum Schutz des Rückens leicht nach vorne schieben. Beckenboden anspannen. Mit der Muskelkraft des Beckenbodens das Bein anheben. Die Ferse hängt schwer zu Boden, die Hüften stehen senkrecht übereinander. Aus dem Beckenboden das Bein verschrauben: Kontraktion halten und noch tiefer kontrahieren. 30- bis 60mal so pulsieren.

Die Bewegung:
Wenn Sie spüren, wie sich Ihr Bein im Hüftgelenk automatisch leicht nach außen dreht, und wenn Sie das Gefühl haben, der Beckenboden bremse die Bewegung und halte sie klitzeklein, so liegen Sie goldrichtig. Die äußerste Schicht der Gesäßmuskeln ist nicht angespannt.

30 Beinschere gestreckt hoch

Was die Übung bewirkt:
Trainiert die tiefliegenden Schichten der Hüft- und Gesäßmuskulatur. Durch den aktivierten Beckenboden werden Rücken-, Bauch- und Oberschenkelmuskulatur gedehnt.

So wird's gemacht:
Beide Beine vor dem Körper anwinkeln. Das obere Bein ausstrecken und die obere Hüfte leicht nach vorne schieben. Aus dem Beckenboden das oben liegende Bein anheben, so weit es geht, die Ferse schwer hängen lassen, das Knie ist vollkommen entspannt. Aus dem Beckenboden kräftig pulsieren. Der Impuls aus dem Beckenboden setzt sich durch die Beinmuskulatur bis in die Ferse fort. Arm über dem Kopf ausstrecken, Wirbelsäule dehnen.

Die Bewegung:
Sie ist um so intensiver, je entspannter Sie das obere Bein gestreckt halten können. Klingt paradox – probieren Sie es aus! Angespanntes Durchstrecken des Beines bremst die Schlängelbewegung. Wenn Sie den Oberkörper bei diesen Übungen absolut aufrecht halten, trainieren Sie die stützende Rückenmuskulatur gleich mit.

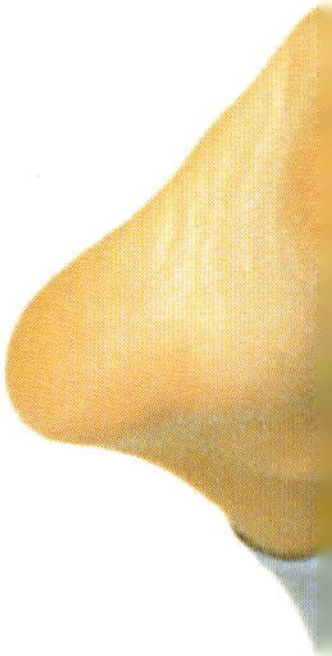

31
Beinformer in der Luft

Was die Übung bewirkt:
Verlängert das Bein, dehnt die Kniesehnen, trainiert die Innenschenkel.

<ins>So wird's gemacht:</ins>
Grundposition auf dem Rücken liegend. Ein Knie ums andere zur Brust ziehen, beide Beine zur Decke hochstrecken. Beckenboden anspannen. Energie in die rechte Ferse senden, das Bein vom Ansatz bis in die Ferse langziehen, vor das linke Bein schieben, strecken und aus dem Beckenboden pulsieren. Wenn Sie die Sensation nicht gleich spüren, verschieben Sie das Bein ein wenig. Der Winkel mit dem höchsten Wirkungsgrad variiert von Bein zu Bein.

<ins>Variante bei Nacken- und Rückenproblemen:</ins>
Legen Sie die Hände unter das Gesäß, um den Rücken zu entlasten.

32
Rückensuperstretch

Was die Übung bewirkt:
Intensivdehnung für Schultern, Rücken, Hüften und Kniesehnen.

So wird's gemacht:
Sitzende Grätschstellung. Das linke Bein ist ausgestreckt. Das rechte angewinkelt, der Fuß liegt am linken Oberschenkel. Beckenboden aktivieren. Steißbein und Sitzknochen in der Unterlage verankern. Arme über dem Kopf zur Decke strecken. Wirbelsäule aufspannen. Den Oberkörper in sanftem Bogen nach links senken, der rechte Arm zieht sich dabei wie von Marionettenfäden gezogen lang. Den linken Unterarm vor dem linken Knie entspannt auflegen. Sobald Sie die größtmögliche Dehnung erreicht haben, den Oberkörper ausdrehen, bis die Schultern senkrecht übereinander stehen. Die Lendenwirbel sind gedehnt und stabil, die Brustwirbel spiralig verschraubt. Den rechten Arm in weichem, sanftem Bogen zur Mitte drehen, mit den Händen auf dem Boden zurücklaufen, Seite wechseln.

Die Bewegung:
Diese Dehnung hilft Ihnen, ein Gefühl für anatomisch richtigen Gebrauch der Wirbelsäule zu entwickeln. Die Brustwirbel werden mobilisiert, die Lendenwirbel stabilisiert. Solange Sie den Beckenboden angezogen haben und den Scheitel gleichzeitig langziehen, ist Ihr Rücken optimal aufgespannt und daher sicher.

33
Grosse Grätsche

Was die Übung bewirkt:
Dehnt die Kniesehnen und die Hüften. Löst Verspannungen im oberen Rücken und in den Schultern. Dehnt die Innenschenkel.

So wird's gemacht:
Auf die Matte setzen. Beine grätschen. Sitzknochen und Steißbein im Boden verankern, Beckenboden leicht zusammenziehen. Mit den Händen nach vorne laufen, soweit das mit geraden Hüften geht. Dehnung einen Moment halten. Noch einen »Handschritt« nach vorn, wieder halten. Zur Steigerung den Oberkörper ausdrehen wie bei Übung 32.

Die Bewegung:
Geschmeidigkeit in den Hüften muß trainiert werden. Mit dem sorgsamen Vorwärtsgehen der Hände können Sie die Flexibilität schnell steigern, ohne die zarten Muskeln an den Innenschenkeln zu reizen.

Die Modifikation:
Wenn Ihre Hüften sehr unbeweglich oder Ihre Kniesehnen stark verkürzt sind, können Sie die Dehnung modifizieren: Beine vor dem Körper anwinkeln, Fußsohlen gegeneinander gelegt, Beckenboden aktivieren, Sitzknochen verankern, Hände hinter dem Körper fest auf dem Boden auflegen und den Oberkörper aus den Hüften kräftig nach vorn stoßen.

34

Hüftdehnung sitzend

Was die Übung bewirkt:
Dehnt die Muskulatur des unteren Rückens und der Hüften.

So wird's gemacht:
Schneidersitz. Rücken dehnen, Scheitel langziehen, Beckenboden anspannen, Sitzknochen im Boden verankern. Aus der größtmöglichen Dehnung die Hüfte nach vorne dehnen, die Hände können mithelfen, indem sie am Boden wie Saugnäpfe Halt suchen. Nach vorne bewegen, bis sich die Hüfte des vorne liegenden Beines intensiv dehnt. Zurückwandern und Seite wechseln.

35
Rückendehnung und Koordination

Was die Übung bewirkt:
Dehnt den Rücken, formt den Hals, verbessert die Koordination.

So wird's gemacht:
Grundposition im Sitzen. Das linke Bein ausstrecken. Den rechten Fuß außen an das linke Knie stellen. Das rechte Becken leicht nach vorne hochschieben oder -rollen. Beckenboden anspannen, Sitzknochen im Boden verankern. Den linken Ellbogen um das rechte Knie legen, Knie zum Körper ziehen. Kinn nach rechts über die Schulter drehen. Der rechte Arm ist ganz locker aufgestellt, der Scheitel zieht zur Decke, der Nacken bleibt entspannt und offen. Die rechte Schulter dem Kinn folgen lassen, bis der Brustkasten maximal ausgedreht ist und die Brustwirbel wohlig verschraubt sind.

Die Dehnung:
Diese Dehnung ist dem Yoga entlehnt. Durch den sorgfältigen Aufbau mit den NewCallanetics®-Prinzipien werden Rücken und Nacken anatomisch sinnvoll gedehnt.

36
Wadendehnung extrem

<u>Was die Übung bewirkt:</u>
Dehnt den Rücken, die Waden, die Hüften, verbessert Bewußtsein und Koordination.

<u>So wird's gemacht:</u>
Grundposition im Stehen. Arme zur Decke strecken. Oberkörper vorbeugen. Auf dem Boden mit den Händen gerade nach vorne wandern, so weit, wie die Fersen am Boden haftenbleiben. Der

Körper bildet ein perfektes V. In der größtmöglichen Dehnung den Beckenboden anspannen, das Becken leicht zum Nabel hochrollen und die beiden Sitzknochen zur Decke stoßen. Die Dehnung im Bein soll intensiv, aber nicht schmerzhaft sein. Halten auf 10, allmählich steigern. Mit den Händen zurückwandern.

Die Bewegung:
Ist Ihr Rücken gesund, können Sie ihn vom Kopf her eng dem Körper entlang einrunden. Wer Skoliose, Bandscheibenprobleme, ein Schleudertrauma oder ähnliches hat, läßt den Rücken diktieren, wie er gebeugt werden möchte. Wenn Sie den Beckenboden einsetzen, den Scheitel dehnen, so ist der Rücken in jedem Fall optimal geschützt.

37
Innenschenkel-druck

Was die Übung bewirkt:
Dehnt die Innenschenkel. Trainiert die Rückenmuskulatur, verbessert die Koordination.

So wird's gemacht:
Stuhl, Tisch oder eine Holzbank: Mit gestreckten Beinen davor setzen. Beckenboden anspannen, Scheitel langziehen, Rücken entspannen. Die Wölbung der Füße außen an die Stuhlbeine oder an die Stuhllehne legen, ohne die Fußgelenke abzudrehen. Die Fersen zusammendrücken. Gleichzeitig die Knie leicht zur Decke schieben, nur einen Millimeter, entspannen, Bein durch die Ferse verlängern, entspannen, Knie hoch, entspannen, verlängern etc. 40mal wiederholen. Durch diese Dynamisierung der Dehnung wird die Innenschenkelmuskulatur aktiviert und gedehnt zugleich, es bilden sich keine unschönen Kissen an dieser Körperstelle, die schwierig zu trainieren ist.

Variante:
Die Fersen an die Stuhlbeine oder die Bankwand legen, der Fuß bildet einen Winkel. Ferse zusammendrücken und Bein wie vorher heben und strecken.

Für die Außenschenkel:
Fußkante innen an den Stuhlbeinen anlegen, und kräftig nach außen drücken. Beckenboden anspannen, Rücken aufrichten. Druck auf 50 halten.

Das Kurzprogramm

15 Minuten …

- *wenn die Zeit für das ganze Programm fehlt:*
- *auf Reisen*
- *in den Ferien*
- *am Wochenende*
- *auch als Ausgleich nach dem Sport geeignet*

Aufwärmen
Beschreibung Seite 50

Armformer 1
Beschreibung Seite 52

Taillendehner
Beschreibung Seite 29

Busenformer
Beschreibung Seite 57

Bauchweg mit Dreieck
Beschreibung Seite 32

Beckenkreisen
Beschreibung Seite 88

Langbeinschraube gestreckt oder angewinkelt
Beschreibung Seite 91 und 92

Beckenwelle in Breitformat
Beschreibung Seite 80

Kniesehnendehnung an der Stange
Beschreibung Seite 81

Rückendehnung an der Stange
Beschreibung Seite 85

Was ist, wenn ...?

Woher weiß ich, ob ich den Beckenboden richtig einsetze?

Es gibt einen einfachen Test, den Sie im Schlafzimmer nackt vor dem Spiegel durchführen können. Stellen Sie sich so hin, daß Sie Ihr Gesäß im Spiegel sehen können. Jetzt ziehen Sie die äußere Gesäßmuskulatur an, so stark Sie können. Selbst wenn Sie gertenschlank sind und gebaut wie Claudia Schiffer, wird Ihr Po dabei eckig und zeigt Dellen auf. Stimmt's? Entspannen. Diesmal nur den Beckenboden anspannen, vom Damm aus, bis Sie die Basis – und nur die Basis – des Popos spüren. Sie sehen im Spiegel, wie sich der Po hebt und sehr hübsch rund wird. Die Oberschenkelmuskulatur wird wie von unsichtbaren Fäden nach hinten gespannt, »Reithosen« verschwinden wie weggezaubert. Und die vielen Dellen an den Pobacken verschwinden. Das ist der Beckenboden. Das ist das Zwischenstockwerk, das Sie ab sofort trägt. Viele Frauen haben es sich angewöhnt, die Pobacken bei jeder möglichen Gelegenheit zusammenzukneifen, in der trügerischen Hoffnung, der Hintern würde dadurch kleiner oder fester oder schöner. Vergessen Sie's so schnell wie möglich. Bringt nichts, außer allenfalls steinharter, unflexibler Muskeln, über denen die Cellulite doppelt ausgeprägt zur Geltung kommt. Achten Sie darauf, wenn Sie tagsüber im Büro, am Steuer im Auto, beim Gehen den Beckenboden aktivieren: Das Gesäß gehört nicht zum Beckenboden.

Bekomme ich von NewCallanetics® Muskelkater?

Jein. Wenn Sie an saure, brennende Muskelkater gewöhnt sind: Nein. Wenn Sie ein subtiles »Wohlweh« meinen, das Ihnen die Rückmeldung gibt »gut gearbeitet, gestern«: Ja. Durch die klitzekleinen Bewegungen, die vielen Wiederholungen und die absolute Körperkontrolle werden die Muskeln nicht übersäuert, die Gelenkflüssigkeit bleibt im pH-neutralen Bereich, gemeiner Muskelkater stellt sich nicht ein.
Was wir Ihnen von Herzen wünschen: etwas Muskelkater im Beckenboden. Und im unteren Rücken. Gerade soviel, daß Sie nicht mehr ins alte Muster zurückfallen, sondern dem Muskelkater quasi wie einem Lehrmeister folgen.

Warum soll das Gesäß nicht angespannt werden?

Die äußere Gesäßmuskulatur (Gluteus Maximus und Gluteus Medius) tendiert bei Frauen dazu, mehr Masse als Klasse zuzulegen. Das hat unter anderem mit dem größeren Fettanteil zu tun. NewCallanetics® bearbeitet daher bewußt und gezielt die tieferen Schichten der Muskulatur, jene also, die das Skelett formen und stützen. Die äußerste Muskelschicht ist sozusagen die Verpackung für den kräftigen Inhalt. Für Profis: NewCallanetics® macht sich am kleinen Gesäßmuskel, am Piriformis, an den Zwillingsmuskeln, an den Hüftlochmuskeln, an den viereckigen Schenkelmuskeln, an den Oberschenkelanziehern, am Schneidermuskel und an den Ansätzen der Schenkelmuskeln zu schaffen.
Skeptisch? Ausprobieren. Sie sollten den Unterschied nach einer Woche schon sehen und spüren. Das Gesäß wird runder und hebt sich, Dellen verschwinden.

Wie groß ist die Bedeutung der NewCallanetics®-Grundposition?

Sie kann gar nicht hoch genug eingeschätzt werden! Warum? Weil sie Ihnen die halbe Arbeit abnimmt und den Effekt vervielfacht! Wenn Sie wenig Zeit haben, konzentrieren Sie sich lieber auf die Grundpositionen und machen dafür ein paar Wiederholungen weniger. Wenn Sie die Ausgangsstellung exakt einnehmen, bearbeiten Sie garantiert die gewünschten Muskelgruppen und Körperpartien.

Kann ich einzelne Übungen auslassen? Muß ich mich an die Reihenfolge halten?

Die Reihenfolge ist wichtig, weil die bearbeiteten Muskeln immer gleich gedehnt werden. Entsprechend sind die Programme aufgebaut. Aber Sie können ganze Blöcke auch durchaus verschieben oder ganz weglassen! Wichtig dabei sind jedoch »Block 1: Aufwärmen« am Anfang und »Block 6: Kraftdehnungen« am Ende. Die Blöcke dazwischen können Sie nach Lust und Laune mischen. Das hat den positiven Effekt eines »Cross-Trainings«. Wenn Sie vom Sport starke und wohlgeformte Oberschenkel haben, können Sie bei jedem zweiten Training den ganzen Block 4 auslassen.

Kann ich das Ein-Stunden-Programm in zweimal 30 Minuten aufteilen?

Durchaus. Sie können 30 Minuten am Morgen machen, 30 Minuten am Abend. Oder jeden zweiten Tag 30 Minuten. Eine sinnvolle Unterteilung: Aufwärmen bis Ende des Blocks 3 als Teil 1, Aufwärmen plus Blöcke 4, 5 und 6 als Teil 2.

Sind die Übungen sicher für Rücken und Gelenke?

Es gibt keine Gymnastikmethode, die Ihnen mehr Sicherheit bietet! In der Schweiz, der Geburtsstätte der NEWCALLANETICS®-Methode, empfehlen Physiotherapeuten, Biomechaniker, Chiropraktiker das Training ihren Patienten. Durch das sorgfältige Konzept für den anatomisch richtigen Gebrauch des Körpers ist NEWCALLANETICS® auch für Menschen mit Rückenproblemen sehr geeignet. Wichtig ist, daß Sie die Instruktionen sorgfältig lesen und genau befolgen. Die winzigen dreidimensionalen Bewegungen kräftigen die feinsten Schichten der Muskulatur auch an der Wirbelsäule, an den Hüften, am Nacken und um die Knie.

Wie oft muß ich trainieren?

Je nachdem. Wenn Sie zu den Ungeduldigen gehören, die am liebsten über Nacht ein Wunder hätten: Dreimal in der Woche eine Stunde, und Sie werden Ihren Körper nach drei Wochen fast nicht wiedererkennen. Sobald Sie zufrieden sind mit Ihrer Form, können Sie reduzieren. Für stetigen, nachhaltigen Aufbau an Form, Kraft und Beweglichkeit sind zwei Übungsstunden pro Woche ausreichend. Unterhalten können Sie die Bestform dann mit einer Stunde pro Woche. Nur – aus Erfahrung wissen Sie wahrscheinlich auch, daß die Einstundendisziplin am schwierigsten einzuhalten ist. Schweizer Statistiken zeigen, daß zwei Stunden pro Woche leichter einzuhalten sind als eine. »So trainiere ich wieder, bevor sich das wunderbare Gefühl vom letzten Workout ganz verflüchtigt hat«, erklärt eine NEWCALLANETICS®-Anhängerin das Phänomen, »wenn ich nur einmal pro Woche trainiere, muß ich mich jedesmal neu aufrappeln und gegen die eigene Faulheit ankämpfen.«

NEWCALLANETICS® – nur für Frauen?

Nein. Männer tun's immer öfter. Und zwar die anspruchsvollen Herren der Schöpfung. Weil sie einen Ausgleich zum Vergnügungssport möchten. Weil ihnen typisches Männertraining zu einseitig ist. Weil im Fitneßclub das Körperbewußtsein zu kurz kommt. Und das Dehnen sowieso. Passionierte Golf- und Tennisspieler, angefressene Surfer und Segler, begeisterte Snowboarder und sogar ein paar Karatemeister schwören auf das NEWCALLANETICS®-Training – weil es die Muskeln elastisch trainiert. Weil die Kraft verwertbar ist. Und weil die dreidimensionale Bewegung sofort im Sport umgesetzt werden kann.

Unterschiede zu Stretching oder Aerobics

Die Positionen sehen zwar zum Teil ähnlich aus – aber ähnlich ist nicht gleich. Der Rolls-Royce hat schließlich mit einem Traktor auch noch gewisse Ähnlichkeit! »Neue« Bewegungen sind schwer zu erfinden, das Skelett setzt dem Einfallsreichtum Grenzen.
Bei der NEWCALLANETICS®-Methode geht es vor allem darum, die Übungen so auszuführen, daß sie Ihnen guttun und schnell die Resultate bringen, die Sie sich wünschen. Das wird durch die Kombination verschiedener Elemente erreicht. Der Unterschied zu Turnvater Jahns Exerzitien zeigt sich im Aufbau des Programms, im konsequenten Gebrauch des Beckenbodens, im sorgfältigen Aufspannen der Wirbelsäule, in der Aufrichtung des Beckens, in der anatomisch optimalen Ausrichtung von Fuß, Knie, Hüfte. Im anatomisch richtigen Einsatz von Wirbelsäule, Beinen, Armen, Kopf. Weil nichts überzeugender ist als die Erfahrung – probieren geht über studieren. Vertrauen Sie auf Ihre Körperintelligenz. Sie wird den Unterschied spüren.